GIDS VOOR MODERNE
MODERN guide TO

ML

27900035

ARCHITECTUUR IN
ARCHITECTURE IN

re +

₁92

D1437453

EDERLAND
SUPPLEMENT THE NETHERLANDS

UITGEVERIJ 010 PUBLISHERS

omslag/cover: Nederlands Architectuurinstituut, Rotterdam (M47)

© 1992 Uitgeverij 010 Publishers, auteurs/authors, Rotterdam

CIP/ISBN 90-6450-153-X

GIDS VOOR MODERNE ARCHITECTUUR IN NEDERLAND

GUIDE TO MODERN ARCHITECTURE IN THE NETHERLANDS

SUPPLEMENT

PIET VOLLAARD
PAUL GROENENDIJK
fotografie/photography:
PIET ROOK

UITGEVERIJ 010 PUBLISHERS, ROTTERDAM

KAART VAN NEDERLAND
MAP OF THE NETHERLANDS

VOORWOORD

Ten behoeve van de vaste gebruikers van de 'Gids voor Moderne Architectuur in Nederland' is een supplement vervaardigd dat als aanvulling op de bestaande drukken kan dienen. In de vierde herziene editie van de gids is dit supplement integraal opgenomen.

Dit supplement verschijnt ruim vijf jaar nadat de eerste selectie plaatsvond. Elke reisgids, en zeker een gids voor 'moderne' architectuur, ontleent zijn bestaansrecht aan de actualiteit. Het merendeel van de in dit supplement opgenomen objecten betreft dan ook projecten uit de late jaren tachtig, een periode waarin een nieuwe generatie jonge architecten tot bouwen kwam.

Van de 114 in het supplement opgenomen objecten dateert bijna een derde deel uit een eerdere periode; projecten die bij de voorgaande selectie nog onbekend, onopgemerkt of van minder belang werden geacht. Door de toename van stads- en regiogidsen, de inventarisatie van jonge monumenten (MIP) en een toenemend aantal publicaties is veel nieuwe informatie beschikbaar gekomen.

In vergelijking met de eerste selectie zijn relatief veel vrijstaande woonhuizen toegevoegd. De aanvankelijke schroom om dit gebouwtype op te nemen is verminderd vanwege de belangrijke functie van de gids als overzichts- en naslagwerk. Nogmaals wijzen wij erop dat bezoekers de privacy van bewoners en gebruikers dienen te respecteren en dat privé-woonhuizen geen toeristische attractie zijn.

De nieuwe objecten zijn, ten behoeve van een praktisch gebruik, volgens het bestaande systeem doorgenummerd. Alle nieuwe objecten zijn op de overzichtskaart van Nederland aangegeven. Veranderingen in de bestaande selectie, zoals ingrijpende verbouwingen, restauraties en uitbreidingen, zijn opgenomen in een addenda. Afgebroken zijn de objecten H39, L10, M40, N06 en Q31. Nieuw is de toevoeging van een plaatsnamenregister. De overige registers zijn geheel herzien en up-to-date gemaakt, zodat ook de bestaande edities met dit supplement hun functie als naslagwerk behouden.

Piet Vollaard, Paul Groenendijk, april 1992

FOREWORD

For those who already possess the 'Guide to Modern Architecture in the Netherlands' there is now a companion volume to supplement the existing editions. It has been included in its entirety in the fourth, revised edition of the guide.

The supplement appears more than five years after the initial selection was published. Every travel guide, and certainly a guide to 'modern' architecture, earns its right to exist by being up to date. Thus the majority of the projects included in this supplement derive from the late eighties, a time when a new generation of young architects began building.

Of the 114 objects contained in these pages almost a third date from an earlier period; projects which when the previous selection was made were unknown, unnoticed or considered to be of lesser importance. For through the upsurge in city and regional guides, the inventorying of recent monuments (by the MIP), and an ever-expanding number of books and articles a wealth of new information has since become available. Compared to the initial selection relatively many freestanding houses have now been added. The original hesitation to include this type of building has lessened in the light of the guide's major function as a survey and reference work. Once again we would like to draw the reader's attention to the fact that visitors should respect the privacy of inhabitants and users, and that private houses are not tourist attractions.

For the sake of practicality the new objects have been numbered according to the original system. The locations of all new items are given on a survey map of the Netherlands. Changes to the existing selection of objects (large-scale alterations, extensions, restoration) are listed in an addenda. The following objects have since been demolished: H39, L10, M40, N06, and Q31. A wholly new element is an index of place names. Finally, the remaining indexes have been fully revised and brought up to date, so that the existing editions when accompanied by this supplement can continue to function as a reference work.

Piet Vollaard, Paul Groenendijk, April 1992

A18 STARTHUISJE ROEIBAAN/STARTER'S PLATFORM

Kooilaan, Harkstede

J. KÖRMELING ■ 1991

J. Groot (constr.)

Archis 1991-7

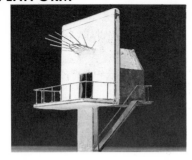

Dit gebouwtje is in twee opzichten een starthuisje. Het is bestemd om het startsignaal voor roeiwedstrijden zichtbaar te maken, maar het is ook het eerste gerealiseerde gebouw van John Körmeling, actief op het grensvlak van beeldende kunst en architectuur. Officieel is het gebouw overigens een kunstobject ter verfraaiing van de roeibaan. Körmelings architectuur is ontwapenend functioneel en helder van vorm en constructie: een betonnen schijf dient als achtergrond voor het balkon van de startmeester; de hulpstarter heeft een eigen aluminium huisje om de digitale tijdmeting in werking te stellen ■ This building is a starter's platform in two senses. It is to render visible the starting signal of rowing competitions, but it is also the first realised building by John Körmeling, who operates on the interface between art and architecture. Officially the building is an art object to liven up the rowing course. However, Körmeling's architecture is disarmingly functional and lucid of form and construction: a concrete slab serves as a backdrop for the umpire's balcony; his assistant has his own aluminium box to operate the digital timekeeping.

A19 BIBLIOTHEEK/LIBRARY

Oude Boteringestraat, Groningen

G. GRASSI ■ 1990-1992

C. Kalfsbeek (arch.)

Domus 1990-3

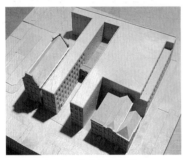

De nieuwe bibliotheek van de Italiaanse rationalist Grassi is een sober gebouw, dat door het materiaal baksteen en de verticale raamvorm aansluit op de bestaande bebouwing, waaronder een viertal monumentale woonhuizen. Het gebouw bestaat uit twee langwerpige gebouwdelen rond een binnenhof: een publiek bibliotheekgedeelte en een kantoorgedeelte. Deze zijn verbonden door een entreepavijoen en een smal afsluitend blok voor horizontaal en verticaal transport ■ The new library by the Italian Rationalist Grassi is a sober building which through its brickwork and vertical window shapes fits in well with the surrounding buildings including a quartet of monumental houses. The library consists of two elongated sections round an interior court, a public library and an office section linked by an entrance pavilion, and a narrow terminating block for horizontal and vertical circulation.

A20 KANTOORGEBOUW/OFFICE BUILDING GEMEENTEWERKEN

Gedempte Zuiderdiep 98, Groningen

S.J. BOUMA/KARELSE & VAN DER MEER ■ 1928/1989-1990

Arch 1990-12; Bouw 1991-18; Lit 128⁵

Het voormalige kantoorgebouw voor Gemeentewerken is één van de fraaiste voorbeelden van de Groningse variant van de Amsterdamse School, met als opvallend kenmerk de plastisch uitgewerkte hoek die de verticaal geaccentueerde kantoorgevel langs de Ubbo Emmiusstraat verbindt met de horizontale gevel langs het Gedempte Zuiderdiep. De gebogen lijn van de voorgevel van de uitbreiding refereert aan het bestaande gebouw. De langgerekte invulling in het bestaande bouwblok bestaat uit twee wijkende kantoorstroken, ontsloten vanuit een middengang, die zich aan de voorzijde verbreedt tot een vide ■ The former Public Works office building is one of the finest examples of Groningen's variation on the Amsterdam School, with as its most striking feature the sculpturally treated corner which links the vertically accentuated office facade on Ubbo Emmiusstraat with the horizontal facade along the Gedempte Zuiderdiep. The curved line of the front facade of the extension is a reference to the existing building. The elongated infill in the existing block comprises two diverging office strips, reached from a central passage which broadens at the front into a void.

HAVENKANTOOR/HARBOUR OFFICE A21

Oosterkade 14, Groningen

G. DAAN ■ 1989-1990

Arch 1991-3; Lit 128$, 145$

Een bestaand rechthoekig gebouwtje is uitgebreid met een lensvormig torentje in drie lagen. De houtskeletgevels van de aan scheepsboegen refererende vorm zijn bekleed met geprofileerd aluminium. De betonvloeren van het torentje worden gedragen door een vierkant staalskelet. Een betonnen spiltrap verbindt de entree onder het torentje met de twee kantoorverdiepingen daarboven. Van hieruit biedt een panoramische raamstrook met een aluminium lamellenzonwering uitzicht op het water. De binnenwanden bestaan, analoog aan de interieurs van binnenvaartschepen, uit transparant gelakte multiplex platen ■ An existing small rectangular building has been extended with a modest lens-shaped tower in three levels. The volume alluding to the bows of a ship has timber frame facades with ribbed aluminium facing. The small tower's concrete floors are borne aloft by a steel skeleton. A spiral stair, also of concrete, links the entrance below the tower to the two office floors above. From here a panoramic strip window with a shading device of aluminium slats offers a prospect of the water. The inner walls are of clear-finished multi-ply panels.

WONINGBOUW, STEDEBOUW/HOUSING, URBAN DESIGN CORPUS DEN HOORN A22

Dr. J.M. den Uylstraat e.o., Groningen

MECANOO, R. STEENHUIS ■ 1986-1990

Arch 1990-1; Lit 142$

Corpus den Hoorn-Zuid, een project van de eerst binnen Mecanoo, maar nu zelfstandig opererende architect Steenhuis werd diverse malen bekroond als schoolvoorbeeld van architectonische en stedebouwkundige kwaliteit in een zorgvuldig ontworpen samenhang van bebouwing en directe woonomgeving. Het complex heeft een eenvoudige stedebouwkundige structuur met rechthoekige halfopen bouwblokken, oost-west georiënteerd en een viertal stadsvilla's aan het Paterswoldse Meer, verbonden door een centrale wandelroute ■ Corpus den Hoorn-Zuid, a project by Roelf Steenhuis, once a member of Mecanoo but now with his own office, has received awards on several occasions as a perfect example of architectural and planning quality in a sensitively designed cohesion of buildings and immediate surroundings. The complex has a simple urban structure of rectangular blocks oriented in an east-west direction, and a quartet of urban villas on the lake (Paterswoldse Meer) linked by a central pedestrian route.

NOORDERSANATORIUM A23

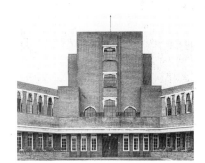

Stationsweg, Zuidlaren

E. REITSMA ■ 1935

J. Vroom (tuinarch.)

Lit 133$

Het Noordersanatorium, oorspronkelijk een open psychiatrische inrichting, is thans in gebruik als instituut voor geneesmiddelenonderzoek. In een parkachtige tuinaanleg met vijver bevindt zich een centraal hoog bouwdeel met kantoorruimtes en spreek- en onderzoekkamers en radiaalsgewijs vier lage vleugels voor de patiënten. Het uit gele baksteen opgetrokken gebouw heeft blauwe stalen kozijnen en ultramarijnblauw betegelde penanten. Op het terrein bevindt zich tevens de woning voor de geneesheer-directeur, eveneens ontworpen in deze aan Dudok verwante kubistische vormentaal ■ Originally a mental hospital with an 'open' character, Noorder Sanatorium now houses an institute for clinical pharmacology. In a parklike landscape design including an ornamental lake stands a tall central volume of offices, consulting rooms, and examination rooms, fanning out from which are four wings for the patients. Erected in yellow brick the building has blue steel frames and piers with ultramarine tiling. The site also includes the medical superintendent's house which exploits the same Cubist formal vocabulary, one allied to Dudok.

A24 GEMEENTEHUIS/MUNICIPAL HALL TIETJERKSTERADEEL

Raadhuisweg 7, Bergum

A. BONNEMA ■ 1982-1985

AB 1986-2

Het uit 1934 daterende gemeentehuis werd door de architect van een vrijstaande uitbreiding voorzien, waarbij de gevels van een uitbreiding uit 1971 in de nieuwbouw werden opgenomen. De uitbreiding, een aan De Stijl refererend stelsel van uitspringende, vrij ten opzichte van elkaar geplaatste, gestucte schijven op een orthogonaal raster, met daartussen rechthoekige bouwmassa's met spiegelglasruiten op een strak vierkant raster, contrasteert hierdoor maximaal met de architectuur van het bestaande gemeentehuis ■ The original building, which dates from 1934, was provided by Bonnema with a free-standing extension in which the facades of an earlier extension in 1971 were incorporated in the new block. The latest extension, a system referring to De Stijl of projecting white rendered slabs freely interrelated in an orthogonal grid, with in-between rectangular masses with mirror-glass windows in a taut square grid, contrasts to a maximum degree with the architecture of the existing municipal hall.

A25 CENTRAAL APOTHEEK/PHARMACY

De Tuinen/Voorstreek O.Z. 58, Leeuwarden

G.B. BROEKEMA ■ 1904-1905

Lit 31

Veel Art Nouveau-gebouwen kent Nederland niet. Deze apotheek is één van de weinige geslaagde voorbeelden van deze voornamelijk rond de eeuwwisseling florerende stijl, die een totale vernieuwing ten opzichte van voorgaande stijlen voorstond en zich daarbij baseerde op florale motieven. De apotheek heeft bovendien, in tegenstelling tot de meeste andere voorbeelden, drastische verminkingen weten te weerstaan. Afgezien van de leien dakbedekking, de entreedeur en de in 1940 aangebrachte glas-in-lood bovenlichten verkeert de gevel nog in oorspronkelijke staat ■ Art Nouveau buildings are few and far between in the Netherlands. This pharmacy is one of a few successful examples in this style, one based on floral motifs which flourished mainly around the turn of the century and represented a complete revolution in regard to preceding styles. Moreover, unlike most other examples, the pharmacy has managed to avoid drastic disfigurement. Apart from the slate roofing, the entrance door, and the leaded glass rooflights added in 1940, the facade has retained its original state.

A26 'DE PAPEGAAIENBUURT'

Torenstraat, Drachten

TH. VAN DOESBURG ■ 1921-1922

C. de Boer (oorspr. ontw.)

Does 4

De traditionele middenstandswoningen werden door Van Doesburg, voorman van De Stijl, van abstracte kleurschema's voorzien. Niet alleen bemoeide hij zich met de kleuren van het exterieur, ook het interieur en zelfs de tuinindeling tot en met de kleur van de bloemen werd door Van Doesburg voorgeschreven. Reeds twee jaar na oplevering werd de buurt, die inmiddels de scheldnaam 'Papegaaienbuurt' had gekregen, overgeschilderd om in 1988 weer in ere te worden hersteld. De glas-in-loodramen en de kleurschema's van de nabije landbouwschool zijn eveneens van Van Doesburg ■ The traditional 'lower middle class' houses were provided with abstract colour schemes by Van Doesburg, leader of De Stijl. Not only did he attend to the colours of the exterior; the interior and even the layout of the garden up to and including the colours of the flowers were prescribed by Van Doesburg. A mere two years after completion the area, by then known derogatively as the 'parrot district', was painted over; in 1988 it was honourably restored to its original colours. The leaded windows and the colour schemes of the nearby agricultural school are also by Van Doesburg.

WOONHUIS MET ATELIER/HOUSE AND STUDIO A27

Lytse Wyngaerden 22, Langezwaag

G. DAAN ■ 1985-1990

Arch 1989-3; Bouw 1989-1; Lit 139⁵

Ter vervanging van een afgebrande boerderij bouwden de bewoners zelf deze energiezuinige atelierwoning. In de buitenste schil van de ronde, half ingegraven woonverdieping zijn de slaapkamers en de keuken ondergebracht. Een open haard in het hart van de woning verwarmt te zamen met de daarop aangesloten vloerverwarming het gehele huis. De cirkel rond de open haard wordt gecompleteerd door een dubbelhoge wintertuin aan het water. Het verbindt de woonlaag met het ronde glazen atelier, dat boven het ingegraven huis uitsteekt en als uitkijkpost over het vlakke landschap fungeert ■ To replace a farmhouse that had been burnt down the occupants themselves built this energy-efficient studio house. In the outermost shell of the circular half-sunken living level are the bedrooms and kitchen. An open fireplace in the heart of the dwelling attached to a heating system below the floor warms the entire house. The circle around the fireplace is completed by a double-height winter garden on the water. It connects the living level to the circular glass studio projecting from the sunken house and functioning as an observation tower looking out across the flat landscape.

BROKEN CIRCLE AND SPIRAL HILL A28

Emmerhoutstraat 138, Emmen

R. SMITHSON ■ 1971

In het kader van de tentoonstelling Sonsbeek Buiten de Perken (1971) werden diverse land-art projecten door heel Nederland gerealiseerd. Het project bestaat uit twee elementen, waarbij als basis een cirkelvorm is gebruikt. Aan de rand van een waterpartij, ontstaan door grondwinning, bevindt zich een halfrond plateau met daarop een gletsjerkei, omgeven door een halfronde steiger en een uitgegraven contravorm. Terzijde ligt een kunstmatige duinpan, waar een zandpad spiralsgewijs naar de top voert ■ As part of the exhibition 'Sonsbeek Buiten de Perken' (1971) various land art projects were realised all over the Netherlands. This one consists of two elements based on the circle. On the edge of a stretch of water, the by-product of land reclamation, is a semicircular plateau with on it a glacial boulder, surrounded by a semicircular jetty and a water-filled counterform. To one side is an artificial hill up which a sand path spirals to the summit.

KANTOORGEBOUW/OFFICE BUILDING SCHRALE'S BETON B18

Willemsvaart 21, Zwolle

G.TH. RIETVELD ■ 1957

BW 1959 p.430

Het gebouw voor Schrale's Beton- en Aannemingsmaatschappij is door de opdrachtgever zelf uitgevoerd. Op een onderbouw van gestort beton, deels dichtgezet met betonnen blokken, is een staalconstructie geplaatst. Deze is ingevuld met stalen ramen en verplaatsbare binnenwanden. Door het gebruik van elementaire vormen en primaire kleuren in het interieur is deze late Rietveld een duidelijke echo van de vroege De Stijl-Rietveld ■ This building housing a firm of contractors dealing in concrete was erected by the client. On an understructure of poured concrete, partly filled in with concrete blocks made on site, stands a steel structure with steel-framed windows and partition walls that are in principle rearrangeable. Exploiting elementary forms and primary colours indoors, this late Rietveld design is a distinct echo of his De Stijl days.

B19 JACHINSCHOOL

Staverdenseweg, Elspeet

A. VAN DER LINDEN ■ 1954

Forum 1955 p.266

Deze school is één van de weinige schoolgebouwen die afwijken van het gangbare naoorlogse standaardtype. De lokalen zijn in een lineaire reeks tot een langgerekt boven het maaiveld zwevend bouwlichaam samengevoegd. De ontsluitingsgang bevindt zich echter niet op de verdieping maar op de begane grond onder het lokalenblok. De lokalen worden elk voor zich door middel van een reeks trappen in een smalle transparante zone aan de achterzijde van het blok ontsloten. Toiletruimtes, bergingen en een leraarskamer zijn als aparte bouwdelen onder het blok geschoven. Een recente uitbreiding kon gemakkelijk in dit systeem worden ingevoegd ■ This is one of the few school buildings to deviate from the current postwar standard type. Classrooms in a linear series are combined into an elongated volume floating above ground level. The access corridor is not on this level, however, but on the ground floor beneath the classroom block. Each classroom is reached individually by a series of stairs in a narrow transparent zone at the rear of the block. Toilets, storerooms, and a staffroom form a separate volume tucked beneath the main block.

B20 WONINGBOUW/HOUSING

Sijzenbaanplein e.o., Deventer

TH.J.J. BOSCH ■ 1985-1988

Arch 1988-10; Archis 1988-11; Lit 141⁵

AR 1990-2; AJ 1990-24

Dit complex ligt op voorbeeldige wijze verankerd in de historische stad. Aan alle zijden reageert de kamstructuur van het complex, met de Sijzenbaan als centrale ruggegraat, op adequate wijze op de directe omgeving. Een winkelgalerij aan de zuidzijde vormt een functionele schakel met het stadscentrum. De golvende hoofdvormen, de uitgekiende plattegrondopbouw en de precieze detaillering, maar vooral het feit dat een groot deel van de woningen is voorzien van een dubbelhoge, halfronde serre, verheffen deze woningwetwoningen ver boven de middelmaat ■ This complex lies moored in exemplary fashion in the old city. The comb-like structure, with the Sijzenbaan serving as its backbone, responds adequately to its immediate environment. A shopping arcade on the south side forms a functional link with the city centre. The undulating basic form, the sophisticated composition of floor plans and painstaking detail, but most of all the fact that a large percentage of the houses is provided with a double-height, semicircular conservatory, elevate this social housing far above the average.

B21 STADHUIS/TOWN HALL

Stadhuisplein, Almelo

J.J.P. & H.E. OUD ■ 1962-1973

H. Dethmers (arch.)

Bouw 1961 p.126; Oud 3; Oud 5

Dit laatste ontwerp van Oud werd na zijn dood op een gewijzigde locatie gerealiseerd. Na gereedkoming werd het gebouw vrijwel genegeerd, hoewel velen het nu als schoolvoorbeeld van Ouds poëtisch functionalisme zien. Aan beide uiteinden van een langwerpig kantoorgebouw met een dubbel corridorsysteem en aluminium gordijngevels zijn de bijzondere functies gehuisvest: aan de noordzijde de raadzaal met een driehoekige opbouw en aan de zuidzijde de uitkragende burgerzaal. Kleuren markeren de gebouwdelen en zijn onveranderbaar: blauwe en gele geglazuurde baksteen en wit natuursteen ■ This final design by Oud was realised after his death at a new location. After completion the building was ignored, though many now see it as a classic example of Oud's poetic form of functionalism. At each end of an oblong office block with a double corridor system and aluminium curtain walls are the special functions: on the north side the council chamber with its triangular composition and at the south the cantilevered civic hall. Colours specify the different volumes and do so permanently: blue and yellow glazed brick and white stone.

WOONHUIS ZIJLSTRA/PRIVATE HOUSE B22

Leutinkweg 45, Enschede (Hengelo)

J.B. VAN LOGHEM ■ 1933

Plan 1971-12; 8 en O 1933 p.208

De situering aan een bosrand van dit functionalistische woonhuis – wit stucwerk en zilverkleurige stalen kozijnen, lateien en kolommen – was aanleiding voor het ontstaan van twee verschillende 'gezichten'. Een strakke, door horizontale raamstroken gedomineerde gevel ter plaatse van de woonkamer die is gericht op het uitzicht en de zon, en een meer plastische behandeling van de entreezijde. Het strenge rechthoekige karakter van de woning wordt op bevrijdende wijze doorbroken door de opvallende compositie van een uitkragende berging, gecombineerd met een balkon en een glaswand ■ The setting, on the edge of a wood, of this functionalist house – white rendering and silver steel frames, lintels and columns – was what led to the creation of two different 'countenances': a taut living room facade dominated by horizontal strip windows oriented towards prospect and sun and a more sculptural treatment of the entrance facade. Here the severe, rectangular character of the house is relieved by the striking composition of a jutting storage area, balcony, and glazed wall.

STUDENTENHUISVESTING, STAFWONINGEN/STUDENT AND STAFF ACCOMMODATION B23

Reelaan, Drienerlo

H.P.C. HAAN ■ 1964-1965

BW 1969 p.165; Lit 155⁵

Haan realiseerde op de campus verschillende woningbouwprojecten en het sportcentrum. Naast de stafwoningen tonen vooral de piramidenwoningen en het complex patiowoningen zijn grote belangstelling voor Afrikaanse culturen. Het complex, dat enigszins verdiept gelegen grotendeels in één laag is gebouwd, is een schakeling van wooneenheden die bestaan uit studentenkamers en gezamenlijke voorzieningen gegroepeerd rondom een patio. De patio's worden ontsloten door een fiets/voetpad dat over het dak van het complex loopt. Een grote patio in het hart van het complex dient als gezamenlijk plein ■ On the campus at Drienerlo Haan realised various housing projects and a sports centre. Besides the staff residences the pyramid dwellings and the complex of patio dwellings show Haan's interest in African cultures. The complex, slightly sunken and largely of one level, is a concatenation of clusters each composed of students' rooms and communal facilities grouped round a patio. The patios are reached from a cycle/footpath running across the roof of the complex. A large patio in the heart of the complex serves as a communal square.

LANDHUIS/COUNTRY HOUSE 'WYLERBERG' C56

Rijksstraatweg 178, Beek

O. BARTNING ■ 1921-1924

Archis 1988-2; Bartning 1

Deze villa, die door een grenscorrectie in 1949 op Nederlands grondgebied kwam te liggen, is één van de zuiverste uitingen van het Duitse expressionisme. Door de stervormige plattegrond en het gevouwen dak ontstaat een compositie, die uit vele onregelmatige vlakken is opgebouwd. De muziekzaal aan de noordzijde, met uitzicht op het dal, is het architectonisch hoogtepunt. Door de concerten en kunstenaars-logeerpartijen die opdrachtgeefster Marie Schuster en later haar dochter Alice er organiseerden, kent het huis een rijke culturele geschiedenis ■ This villa, which joined the Netherlands as the result of a boundary adjustment in 1949, is one of the purest utterances of German Expressionism. The star-shaped plan and the folded plate roof create a composition built up of many irregular surfaces. The music room on the north side, offering a view of the valley, is its architectural climax. That artists lodged here and concerts were held on the initiative of the client, Marie Schuster, and later her daughter Alice, gives the house a rich cultural history.

C57 HOOGWATERVRIJE STEIGER/HIGH WATER LANDING STAGE

Waalkade/Dommelstraat, Nijmegen

A.G.M. CROONEN ■ 1986-1990

ABT (constr.)

AB 1990-9

Deze steiger is gebouwd om passagiersschepen tijdens de sporadische hoogwaterstanden te laten afmeren. Een haaks omgezet stalen ruimtevakwerk is de constructieve basis van twee kleine, prismatische gebouwtjes aan het begin van de steiger. Hierin zijn de havenmeester en een koffieshop ondergebracht. De luchtige, aan havenkranen refererende architectuur van de steigergebouwtjes staat in groot contrast met de zware, op de historische binnenstad aansluitende architectuur van het eveneens door Croonen ontworpen horecapand aan het eind van de steiger ■ This landing stage was built to allow passenger ships to moor during the sporadic high tides. A steel right-angled space frame forms the constructional basis for two small, prismatic buildings at the beginning of the landing stage containing the harbourmaster's office and a coffee shop. The airy architecture of these two buildings, with its allusions to dockside cranes, contrasts starkly with the solid architecture, relating to the old inner city, of the block at the end of the landing stage which includes a restaurant, a cafe, and apartments, also by Croonen.

C58 BENZINESTATION/PETROL STATION

Muldersweg 16, Nijmegen

B.J. MEERMAN, J. VAN DER PIJLL ■ 1936

Arch 1986-12

Dit voor Texaco gerealiseerde object is één van de weinige resterende benzinestations uit de jaren dertig. Het gebouw bestaat uit een vierkant bedrijfsgedeelte, waaruit een slanke ronde luifel met een diameter van 17 m. ontspringt. Het gebouw was van grote afstand zichtbaar door de witte, gestucte gevels en door een 25 m. hoge lichttoren, een stalen vakwerk, aan vier zijden bekleed met wit opaalglas en in gebrandschilderde letters de naam 'Auto Palace'. Door een gewijzigde verkeerssituatie is het station sinds 1977 onbruikbaar ■ Realised for Texaco this object is one of the few remaining petrol stations of the thirties. It consists of a square works area, out of which projects a slender round canopy with a diameter of 17 m. The building was visible from a great distance through its white rendered facades and a 25 metre high light mast - a steel latticework clad on four sides in white clouded glass stained onto which was the name 'Auto Palace'. Owing to the traffic being re-routed the station has been out of use since 1977.

C59 MICROBIOLOGIE; PLANTENFYSIOLOGIE/MICROBIOLOGY; PLANT PHYSIOLOGY

H. van Suchtelenweg 4; Gen. Foulkesweg 70, Wageningen

C.J. BLAAUW ■ 1919-1922

Wend 1923-11/12; Lit 154⁵

In deze vroege gebouwen voor de Landbouwhogeschool, onmiskenbaar uitingen van de Amsterdamse School, is de huisvesting van de hoogleraar gecombineerd met onderwijs- en onderzoeksruimtes. De expressieve welvingen van het exterieur, waaraan beide gebouwen de bijnaam 'Het Schip' te danken hebben, maken in het interieur plaats voor een opvallend zakelijke indeling. De gebouwen zijn gedecoreerd met exotisch-kubistische beeldhouwwerken van Johan Polet; een illustratie van Blaauws grote interesse in de integratie van beeldhouwkunst in de architectuur ■ Housing the Agricultural University and unmistakably the work of the Amsterdam School, these buildings combined the professor's house with lecture rooms and laboratories. The expressive curves of the exterior, earning both buildings the nickname 'The Ship', make way indoors for a strikingly objective subdivision of spaces. The buildings are decorated with exotic-Cubist sculptures by Johan Polet, evidence of Blaauw's keen interest in the integration of sculpture in architecture.

UITBREIDINGEN LANDBOUWUNIVERSITEIT/EXTENSIONS TO AGRICULTURAL UNIVERSITY C60

Sinds de hoogstaande architectuur van Blaauw is de architectuur van de latere gebouwen voor de Landbouwhogeschool van wisselende kwaliteit. Met de bewuste keuze van jonge architecten voor de recente uitbreidingen lijkt men opnieuw op zoek naar een architectonische samenhang. Zowel bij de uitbreiding in twee fasen van het laboratorium voor Erfelijkheidsleer van Baneke & Van der Hoeven, als bij het Botanisch Laboratorium met bibliotheek van Mecanoo wordt een zelfbewust modernisme gecombineerd met een opvallend respect voor het bestaande ■ After the principled architecture of Blaauw that of the later buildings varies in quality. The deliberate choice of young architects for the recent extensions would seem to indicate a renewed search for architectural cohesion. Both the extension in two phases to the Genetics Laboratory by Baneke & Van der Hoeven and the Botanical Laboratory and library by Mecanoo combine an assertive modernism with a remarkable respect for the existing buildings.

Dreijenlaan; Gen. Foulkesweg, Wageningen

BANEKE & VAN DER HOEVEN; MECANOO ■ 1986-1992

Arch 1986-5, 1990-3; Bouw 1987-16; Lit 154ˢ

KANTOORGEBOUW/OFFICE BUILDING KARBOUW C61

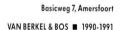

Basicweg 7, Amersfoort

VAN BERKEL & BOS ■ 1990-1991

Ben van Berkel is een jonge architect die bekend werd door spectaculaire ontwerpen, zowel voor interieurs als voor gehele stadsdelen en civiele werken. Dit gebouw is bestemd voor een bouwbedrijf en bevat een showroom, een werkplaats en een kantoorgedeelte. Het wijkt door de zorgvuldige detaillering, bijzondere materiaalkeuze en eigenzinnige vormgeving met hoekige vormen en het afgeronde dak sterk af van het gemiddelde gebouw op dit soort bedrijvenparken. Het gebouw staat op een asfalt sokkel, een materiaal dat ook in het gebouw en op de trappen is toegepast ■ Ben van Berkel is a young architect who came to prominence largely through spectacular designs, as much for interiors as for entire urban areas and engineering works. This building is allocated for a building company and comprises a showroom, a workshop, and an office section. It deviates radically from the average building found in business parks through its meticulous detailing, unusual choice of materials, and singular design incorporating angular forms and curved roof. It stands on a plinth of asphalt, a material also found inside the building and on the stairs.

KANTOORGEBOUW/OFFICE BUILDING ROB C62

Kerkstraat/Muurhuizen, Amersfoort

A. CAHEN ■ 1976-1988

Archis 1988-10; Lit 141ˢ

De huisvesting van de Rijksdienst voor Oudheidkundig Bodemonderzoek bestaat uit een gerenoveerd seminarie-complex dat is uitgebreid met een aantal 'huizen' die elk een aparte afdeling bevatten. Tussen de 'huizen' is ruimte voor 'stegen' vrijgehouden. Een grote open ruimte die door een glaskoepel is overdekt dient als plein. Op deze wijze wordt de fijnmazige stedelijke structuur van de historische binnenstad tot in het gebouw doorgetrokken. Het gebouw is één van de weinige voorbeelden van het structuralisme die de aanpassing aan een complexe stedelijke situatie op overtuigende wijze aantonen ■ The accommodation for the State Service for Archaeological Investigation consists of a renovated seminary complex expanded with a number of 'houses' each comprising a separate department. Between the 'houses' space has been kept free for 'lanes'. A large open space roofed by a glass dome serves as a square. In this way the intricate urban fabric of the old inner city is extended right into the building. This is one of the few examples of Structuralism that demonstrates convincingly the ability to adapt to a complex urban situation.

C63 WOONHUIS/PRIVATE HOUSE 'DE WACHTER'

Dr. J.P. Heijelaan 2, Amersfoort

H.TH. WIJDEVELD ■ 1925-1926

Dit vrijstaande woonhuis heeft een langwerpige hoofdvorm, een complexe kubistische compositie, verlevendigd door ronde vormen van erkers en balkons en door bijzonder materiaalgebruik, zoals de verticale leien bekleding en het decoratieve metselwerk. Een pergola van baksteen en hout leidt naar een geheel vrijstaand tuinpaviljoen. De woning is thans in tweeën gedeeld, waarbij de vroegere onderdoorgang tussen woning en garage is dichtgebouwd en als extra entree functioneert ■ This free-standing house has an oblong basic form, a complex Cubist composition enlivened by the circular forms of bays and balconies and by an individual use of material, such as vertical slate cladding and decorative brickwork. A pergola in brick and wood leads to a completely free-standing garden pavilion. These days the house is divided into two, whereby the former underground passage between house and garage has been sealed off and functions as an extra entrance.

C64 HIGH-TECH CENTER

Wattbaan, Nieuwegein

CEPEZED ■ 1984-1987

Arch 1988-5; Bouw 1989-23

AdA 1988-6

Twee vrij indeelbare, evenwijdige kantoorvleugels zijn door middel van een geheel beglaasde, open middenzone met elkaar verbonden. Midden door deze ruimte loopt op elke verdieping een galerij waaraan trappen, liften, losse sanitaire units en alle leidingen (vanuit de installatietoren aan de achterzijde) zijn gekoppeld. Door losse verbindingsbruggen tussen de galerij en de kantoorvleugels aan te brengen en door de kantoorvloeren geheel vrij te houden van vaste elementen, kan de indeling van dit voor onderverhuur aan bedrijven in de computerbranche bedoelde gebouw gemakkelijk worden gewijzigd ■ Two freely subdivisible, parallel office wings are connected by a fully glazed open central zone. Through the centre of this space on each level runs a footbridge off which are stairs, lifts, sanitary capsules, and all service shafts from the plant tower at the rear. By introducing detachable connecting bridges between the main footbridge and the office wings and by keeping office floors completely free of fixed elements, the internal subdivision of this building for subletting to companies in the computer industry can be adjusted with ease.

C65 INSTITUUT VOOR RIJKSVEEARTSENIJKUNDE/STATE INSTITUTE FOR VETERINARY MEDICINE

Bekkerstraat 141, Utrecht

J. CROUWEL JR. ■ 1921

De Kleine Stad (verb.)

Lit 131⁵, 132⁵

Dit gebouw is gerealiseerd in een periode dat de Rijksgebouwendienst een meer kunstzinnige – lees: Amsterdamse School – architectuur voorstond (zie B05, C42 en C59⁵). Het door halfronde bouwdelen en verticale baksteenstroken gedomineerde exterieur is evenals het interieur rijk gedecoreerd met aan de voormalige functie refererende beestenkoppen. De ruimtes in het gebouw zijn gegroepeerd rond een dubbelhoge centrale hal. De opvallende halfronde uitbouw aan de Grijfzijde bevatte een anatomisch theater voor colleges veterinaire anatomie. Vlakbij ligt Crouwels Kliniek voor Kleine Huisdieren (Alexander Numankade 93) ■ The building was realised during a period when the Ministry of Works and Buildings advocated a more artistic – i.e. Amsterdam School style – architecture (see B05, C42, and C59⁵). The exterior, dominated by semicircular volumes and vertical strips of bricks is, like the interior, decorated with animal heads referring to the building's former function. The interior spaces are grouped around a double-height lobby. The striking semicircular extension on Grijfzijde contained a hall for lectures on veterinary anatomy. Nearby is Crouwel's Clinic for Small Pets (Alexander Numankade 93).

VAKANTIEHUIS KLEIN/HOLIDAY RESIDENCE C66

Dwarsdijk 3, Tienhoven

J.C. RIETVELD ■ 1951

JRiet 1

Dit vakantiehuisje contrasteert door zijn abstracte vormen en witte kleur met het Hollandse landschap, maar past zich door de lichtgebogen kap ook aan. Het compacte huis bevat slaapkamers op de begane grond; vanwege het uitzicht zijn woonkamer en keuken op de verdieping geplaatst. Een terras is met de tuin verbonden door een fraaie buitentrap met vrij uitkragende betonnen treden, een element dat in veel ontwerpen van Rietveld voorkomt. Het huis wordt door bewoner/architect M. Crouwel uitgebreid met een glazen aanbouw ■ In its abstract shapes and white colour this compact holiday house contrasts with the typically Dutch landscape, though its lightly curved roof is a concession. Its bedrooms occupy the ground floor; for the sake of the view the living room and kitchen are upstairs. Linking a terrace to the garden is a handsome outdoor stair with cantilevered concrete treads, an element often come across in Rietveld's designs. The house was extended by its occupant, the architect M. Crouwel, with a glazed annex.

HOFSTEDE OUD-BUSSEM/FARM C67

Flevolaan 41, Naarden (Oud-Bussum)

K.P.C. DE BAZEL ■ 1902-1906

Lit 79-7

Deze modelboerderij, een initiatief van Jan van Woensel Kooy en het latere parlementslid Floris Vos, was de eerste boerderij waar gesteriliseerde melk werd geproduceerd. Het gebouw vertoont overeenkomsten met traditionele Gooise boerderijen. Een U-vormig gebouw ligt rond een hoftuin en wordt afgedekt met een enorm rieten dak. Het gebouw is in de jaren zeventig verbouwd tot kantoor voor een uitgeverij, waarbij het exterieur gehandhaafd is, maar het interieur ingrijpend werd gewijzigd ■ This model farm was the initiative of Jan van Woensel Kooy and Floris Vos, later member of parliament, and was the first in the Netherlands to produce sterilised milk. The building bears similarities to traditional farms in the Gooi region. A U-shaped block encloses a garden and carries an enormous thatched roof. It was converted in the seventies into a publishers' office; the exterior was preserved, though the interior was drastically altered.

HOOFDKANTOOR/HEAD OFFICE KNP D15

Bonairelaan 4, Hilversum

R.A. MEIER ■ 1990-1991

AB 1990-2

Het eerste gerealiseerde werk van Richard Meier in Nederland is dit in een bosrijke omgeving gesitueerde kantoorgebouw. Het bestaat uit een kubusvormig representatief gedeelte van vier lagen en een opgetilde langwerpige kantoorvleugel van twee lagen, waaronder zich parkeerruimte bevindt. Uitgangspunt is een 4 m. brede middengang in de kantoorvleugel, door vides ruimtelijk gekoppeld en van boven belicht, die van de kantoren gescheiden is door glazen bouwstenen. Met Meiers karakteristieke witte aluminiumpanelen vormen deze het belangrijkste bouwmateriaal van dit gebouw ■ This office building in a well-wooded setting is the first work realised in the Netherlands by Richard Meier. It consists of a cube-shaped public section in four layers and a raised oblong two-storey office wing with parking space below. The underlying principle is a four metre wide central corridor in the office wing which is toplit and unified spatially by voids, and separated from the offices by partitions of glass block. This, together with Meier's characteristic white aluminium panels, forms the office's principal building material.

E48 BIBLIOTHEEK/LIBRARY

Kerkstraat 2, Zeewolde

K.J. VAN VELSEN ■ 1985-1989

Archis 1989-5; Arch 1989-9; Lit 142⁵

De bibliotheek lijkt een eenvoudig vierkant gebouw van geperforeerde betonpanelen, met een transparante stalen voorbouw boven de entree, ingegeven door de stedebouwkundig voorgeschreven arcade. In het interieur vormt een collage van elementaire vormen, onbewerkte materialen (hout, beton, golfplaat, spaanplaat) en maat- en constructiesystemen een complexe compositie, zowel in het platte vlak als in de doorsnede. Zo is de studiezaal een van een apart gebogen dak voorzien 'huisje', dat door de verdiepingsvloer is gezakt, en vormen hellingbanen verticale verbindingen ■ From the outside it seems a simple square building of perforated concrete panels with a transparent steel-framed prefatory volume above the entrance, prompted by the arcade prescribed in the brief. Inside, a collage of elementary forms, untreated materials (wood, concrete, corrugated sheet, multi-ply), and measurement and constructional systems combine in a composition complex in both plan and section. Thus the reading room takes the form of a small house sunk into the upper floor, and ramps effect vertical circulation.

E49 ARBEIDSBUREAU/EMPLOYMENT EXCHANGE

Hoekmanstraat/Makelaarstraat, Almere-Stad

H. TUPKER ■ 1989-1990

Arch 1990-4; Archis 1990-5

Dit bescheiden, maar zorgvuldig vormgegeven arbeidsbureau bestaat uit een glazen onderlaag van twee verdiepingen met daarop een uit rode baksteen gemetselde bovenlaag. Doordat de rubber afdekstrips van de beglazing en de voegen van het metselwerk in dezelfde rode kleur zijn uitgevoerd manifesteert het gebouw zich als een sterke eenheid. In de lange poot van het L-vormige gebouw bevindt zich de door een daklichtstrook verlichte publiekshal. De bakstenen bovenlaag was niet strikt noodzakelijk, maar is toegevoegd om te voorkomen dat het gebouw in de omringende hogere bebouwing zou wegvallen ■ The two lowest levels of this restrained yet sensitively designed office building have a glazed facade, the uppermost level is in red brick. Because the rubber sealant of the glazing and the joints of the brickwork are in the same red the building conveys a strong feeling of unity. In the long side of the L-shape and toplit by a monitor rooflight is the public zone. The brick upper level was not strictly necessary but was added to prevent the employment exchange from being swallowed up by the taller buildings surrounding it.

E50 RESTAURANT MET WONINGEN/RESTAURANT AND DWELLINGS

Grote Markt, Almere-Stad

J.M.J. COENEN ■ 1984-1987

Bouw 1988-23; Lit 139⁵

A+U 1988-9

Een langgerekte, spits toelopende lichtschacht vormt het hart van dit combinatiegebouw, waar op de begane grond en de entresol oorspronkelijk een restaurant was gevestigd, dat inmiddels tot bankfiliaal is verbouwd. Op de tweede en derde verdieping, aan weerszijden van de lichtspleet, bevinden zich een grotere woning in twee lagen en – aan de straatzijde – tien eenkamerappartementen. Door de sterke, vijfbeukige ruimtestructuur, die wordt bepaald door de afwisselend in lichtrose en witte betonsteen uitgevoerde, dragende metselwerk schijven, kon deze functiewisseling gemakkelijk worden opgevangen ■ An elongated, tapering light shaft forms the heart of this building whose ground floor and mezzanine, originally housing a restaurant, have since been converted into a bank branch. On the second and third storeys, on either side of the light shaft, is a larger dwelling in two levels; on the street side are ten one-room apartments. Through the sturdy, five-bay spatial arrangement, dictated by loadbearing piers alternately executed in pale pink and white concrete block, this alternation of functions can be accommodated with ease.

Voor de buitenexpositie van de Bouw-Rai 1990 is een woonwijk gebouwd, waar een keur aan bouwondernemingen en architecten hun ideeën voor het wonen in de toekomst op ware grootte konden tonen. De woningen moesten verkoop- of verhuurbaar zijn en binnen de bestaande regelgeving worden gerealiseerd, zodat de experimenteerdrift zich beperkt tot flexibiliteit binnen de woning, afwijkingen van het gijkte eengezinswoningtype of experimenten met materialen. De Bouw-Rai 1992 is vergelijkbaar van opzet, maar nu is het stedebouwkundig plan eveneens speciaal ontworpen ■ For the outdoor exhibition forming part of the Bouw-Rai 1990 architectural expo, a housing estate was built in which the cream of today's architects and firms could show off their ideas about homes of the future at a scale of 1:1. The houses had to be saleable or rentable and realised according to existing norms, so that any tendency to experiment was limited to aspects of interior flexibility, deviations from the standard 'family house' type, or experimenting with materials. Bouw-Rai 1992 has a similar basis though this time the urban plan has been specially designed too.

In navolging van De Fantasie (E14) werd een tweede wedstrijd voor in totaal 17 tijdelijke, ongewone woningen uitgeschreven. Hoewel ook in dit geval elk van de ontwerpen zo zijn charme heeft, zijn er een aantal die er in publicitair opzicht uitspringen: het low-tech op drijvers geplaatste 'Amfibie' van Holvast en Van Woerden, het high-tech zonne-energie-experiment met karakteristiek warmwateropslagvat 'Meerzicht' van Bart Jan van den Brink en de stalen directiekeet/villa met classicistische referenties 'Polderblik' van T. Koolhaas ■ Following up 'De Fantasie' (E14), a second competition was held for a total of 17 temporary, out-of-the-rut dwellings. Though once again each design has its own charm, there are a few with a greater element of sensation: the Low-Tech water-bound 'Amfibie' of Holvast & Van Woerden, set on floats; 'Meerzicht', a High-Tech solar energy experiment by Bart Jan van den Brink with its arresting hot water tank; and T. Koolhaas's 'Polderblik', a steel site office cum villa with flashes of Classicism.

Dit arbeiderswoningencomplex, opgezet met middelen uit de nalatenschap van een redersfamilie, vormt met het Delftse Agnetapark (K20) één van de markantste voorbeelden van filantropische woningbouw. De vijftig traditioneel gebouwde woningen zijn in groepjes van twee of vier tot vrijstaande, villa-achtige gebouwen gevormd en gesitueerd in een park in de Engelse landschapsstijl, met als belangrijkste landschappelijke elementen een grillig gevormde vijver en een rond pleintje met een zonnewijzer ■ This workers' housing complex, set up with capital from the legacy of a family of shipowners, forms together with Agneta Park at Delft (K20) one of the most striking examples of 'philanthropic' housing. The fifty traditionally built dwellings are combined in groups of two and four into free-standing, villa-like buildings sited in a park in English landscape style whose principal elements are a fancifully-shaped ornamental lake and a circular open space later provided with a sundial.

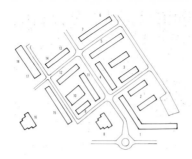

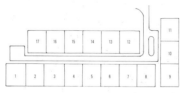

BOUW-RAI I E51

Muzenwijk, Almere-Stad

DIVERSE ARCHITECTEN ■ 1990

Archis 1990-5; Arch 1990-5; Bouw 1989-9; AB 1990-4

K. Rijnboutt (LRRH) (1); H. Hertzberger (2); T. Koolhaas (3); L. Hartsuyker-Curjel (4); Mecanoo (5); Groep 5 (6); Archipel Ontwerpers (7); Van Hezik Partners (8); Archipel Ontwerpers (9); Inbo (10); F. Verheijen (11); P. Loerakker (12); ONV (13); L. Hartsuyker-Curjel (14); K. van den Berg (15); H. Klunder (16); Architectenbureau Dinant (17); G. de Jong (18)

DE REALITEIT E52

De Realiteit, Almere-Stad

DIVERSE ARCHITECTEN ■ 1985-1991

Arch 1990-6; Bouw 1987-25, 1989-8, 1990-3; Lit 145ˢ

H. Hammink (1); E. Böhtlingk (2); M. van der Palen, P. Claassens (3); M. van Roosmalen, M. van Gessel (4); M. Meijs (5); B.J. van den Brink (6); R. Wijntjes (7); J. Wagenaar, H. Wijsenfeld (8); D. Bruyne, G. Koppelman (9); M. Koolen (10); T. Koolhaas (11); W.M. Gerretsen (12); J.H.M. & R.M. van Well (13); Holvast & Van Woerden (14); M. Janga (15); J. Abbo (16); H. Slawik (17)

SNOUCK VAN LOOSENPARK E53

Snouck van Loosenpark, Enkhuizen

C.B. POSTHUMUS MEYES ■ 1897

H. Copijn (tuinarch.)

WTABK 1978-2

E54 GEREFORMEERDE KERK/CHURCH

Middenweg 4, Andijk

E. REITSMA ■ 1930

Lit 151⁵

Een van de belangrijkste vooroorlogse kerkebouwers is de Groningse architect Egbert Reitsma. Voor de ongekende expressionistische vormenrijkdom van de gereformeerde 'kathedraal' van Andijk was een vrijwel onbeperkt budget beschikbaar. De kerkruimte met 1200 zitplaatsen is overwelfd met een complex parabolisch gewelf. De plattegrond is in de breedte gelegd met de kansel aan de lange zijde tegenover de hoofdingang met een groot raam. De benedenramen met gebrandschilderd glas tonen voorstellingen van handel, techniek, landbouw en scheepvaart ■ One of the most important prewar designers of churches is the Groningen architect, Egbert Reitsma. There was an almost unlimited budget available for the unprecedented wealth of Expressionist form characterising this 'cathedral' at Andijk. The main space, with seating for 1200, is roofed by a complex parabolic vault. The plan is set breadthwise with the pulpit on the long side opposite the main entrance with its large window. The fenestration lower down comprises stained glass depictions of trade, technique, agriculture, and shipping.

E55 NOLLEN PROJECT

Burgemeester Ritmeesterweg, Den Helder

R.W. VAN DE WINT ■ 1981-

Arch-thema 1986-22

Sinds 1980 werkt beeldend kunstenaar Van de Wint aan het 'Nollenproject', waarbij kunst, architectuur en landschap op zeer persoonlijke wijze tot een eenheid worden gevormd. Een verzameling bunkers op een verwaarloosd duinterrein dient als basis voor grote wandschilderingen. Zo heeft één verbouwde bunker een glazen dak en transparante olieverf wandschilderingen. Een nieuwgebouwde vlindervormige bunker 'Vergilius' (zie afb.) bevat een witte en een zwarte ruimte, die eveneens als drager dienen voor schilderingen, waarbij de tegenstelling kleur op witte ondergrond of zwarte ondergrond wordt onderzocht ■ Since 1980 the artist Van de Wint has been working on the 'Nollen project', in which art, architecture, and landscape are welded along highly personal lines into a single entity. An assemblage of air-raid shelters on a neglected stretch of duneland serves as the basis for large mural paintings. A newly built butterfly-shaped shelter named 'Vergilius' (see ill.) contains a white and a black space, likewise serving as grounds for paintings which investigate the contrast between colour on a white and on a black background.

E56 BEDRIJFSGEBOUW/COMPANY BUILDING MORS

Industrieterrein De Veken 106, Opmeer

BENTHEM & CROUWEL ■ 1987-1989

Bouw 1989-4

DB 1989-10

Door de geprofileerde stalen gevel ter plaatse van de opslagruimte als een huls over een reeks stalen vakwerkspanten te schuiven, en door een glazen doos met daarin de showroom- en kantoorruimte, tussen de spanten, half in deze huls te schuiven ontstaat het beeld van een uitgeschoven lucifersdoosje. Met eenvoudige middelen wordt op deze manier de wijze van constructie en het verschil in functie tussen beide gebouwonderdelen zichtbaar gemaakt ■ By sliding a ribbed steel facade like a shell over a series of steel frame trusses at the storage zone and by tucking a glass box containing showroom and office space, between the trusses, half into this shell, the resulting image is that of a half-open matchbox. Such simple means express the method of construction and the difference in function between the two components.

Dit gebouw voor het provinciale elektriciteitsbedrijf verbeeldt als geen ander kantoorgebouw de kleinschaligheidsidealen van de jaren zeventig. Het complex bestaat uit een groot aantal informeel geschakelde woonhuisachtige elementen rond een centrale vijver. Aan de ogenschijnlijke chaos ligt een strak vierkant raster ten grondslag, waarbinnen met een beperkt aantal geprefabriceerde betonelementen die de draagstructuur vormen, gezocht is naar een maximale variatie. Daarnaast is het een letterlijke vertaling van het idee van analogie tussen gebouw en stad ■ The premises of the provincial electricity company illustrate as no other office building the 'small-scale' ideals of the seventies. The complex consists of a great many house-like elements loosely linked about a central ornamental pond. At the basis of this apparent chaos is a strict square grid within which, using a limited number of prefabricated concrete members for the loadbearing structure, a maximum of variation was striven after. It is additionally a literal rendering of the idea of an analogy between building and city.

KANTOORGEBOUW/OFFICE BUILDING PEN   E57

Helderseweg/Voltastraat 2a, Alkmaar

A. BONNEMA ■ 1978-1982

M. Ruys, H. Veldhoen (tuinarch.)

Bouw 1983-22

A+U 1983-10; DB 1984-5; T&A 1984-8/9

Dit plastisch vormgegeven vakantiehuisje is gesitueerd op de top van een duinrand. Alsof deze hoge situering niet genoeg was, werd de woonkamer niet op de begane grond maar op de verdieping geplaatst; slaapkamers zijn op de begane grond gesitueerd. Het belangrijkste kenmerk van deze open woonruimte is dan ook het uitzicht, dat doordat beide zijwanden vrijwel gesloten zijn uitgevoerd een telescopische effect krijgt, dat nog wordt versterkt doordat één zijwand gebogen is. Ook het uitzicht vanaf het tegen de zijgevel geplaatste terras op de verdieping heeft door de windschermen een duidelijke richting gekregen ■ This sculpturally designed holiday house stands on the top of a ridge of dunes. As though this were not high enough, the living room is placed not on the ground floor but upstairs, with the bedrooms downstairs. Hence the most significant feature of this open living space is the view out, which as both side walls are virtually blank is as if through a telescope, an effect strengthened by one side wall being curved. The view from the upstairs terrace along the other side wall has an equally definite orientation due to the wind shields.

VAKANTIEHUIS/HOLIDAY RESIDENCE   E58

Parkweg 25, Bergen aan Zee

A. KOMTER ■ 1954

Goed Wonen 1955 p.209; Forum 1956 p.162

Het eenvoudige gebouwtje bestaat uit een afwisselend in lichte en donkere banden gemetselde rechthoek, met daarin een cilinder van glazen bouwstenen waarin twee schroefpompen zijn opgenomen. De cilinder wordt afgedekt met een ten behoeve van het verwisselen van de pompen afneembaar piramidevormig dak. Twee door de zijwand stekende afgeschuinde stalen liggers geven de plaats van een loopkraan aan, waarmee de pompen ter revisie kunnen worden opgetild. In de omringde polder bevinden zich her en der kleine aluminium schroefpompen van dezelfde architect ■ This simple edifice consists of a rectangle of alternately light and dark bands of brick, with in it a glass block cylinder housing two rotary pumps. The cylinder has a pyramid-shaped roof which can be removed to change the pumps. Two tapering steel beams projecting through one of the side walls announce the presence of a travelling crane, there to raise the pumps should they need maintenance. Here and there in the surrounding polder landscape one can find small steel-clad pumps by the same architect.

DIJKGRAAF W. DE BOERGEMAAL/PUMPING STATION   E59

Kanaaldijk 11, Spijkerboor (Jispersluis)

J. DEN HOLLANDER ■ 1987-1990

Arch 1988-7/8

E60 WONINGBOUW/HOUSING ZUIDERPOLDER

Solidarnoscstraat e.o., Haarlem

DIVERSE ARCHITECTEN ■ 1986-1992

Bakker & Bleeker (sted. plan)

Arch 1987-2, 1990-4; AB 1987-2, 1991-2; Lit 145⁵

Van Herk & De Kleijn (1); Van Aalderen en Jonges (2); J.W. Jansen (3);
Van Sambeek & Van Veen (4); K. van Velsen (5); W. Röling (6); K. de Kat (7)

Op initiatief van stadsarchitect Wiek Röling werd een deel van de nieuwbouwwijk de Zuiderpolder voor experimentele sociale woningbouw bestemd. Onderdeel van het plan zijn o.a. vrijstaande geprefabriceerde huizen van Cepezed en drijvende huizen van Hertzberger, een achteroverhellende terrassenflat van Van Velsen en een woongebouw van Van Sambeek met brede woningen, maisonettes en dakwoningen met dakterras. Dit gebouw is als totaliteit ontworpen, met een duidelijk verschil tussen tuin- en straatgevel ■ On the initiative of Haarlem Town Architect Wiek Röling part of the Zuiderpolder development area was set aside for experimental social housing. Included in the plan as as yet unbuilt free-standing prefabricated houses by Cepezed and floating houses by Hertzberger, a block by Van Velsen whose flats tilt over to create terraces, and a block by Van Sambeek containing broad dwellings: three maisonettes below each top-floor unit with its own roof garden. This block was designed as a single entity, with a clear difference between garden and streetside facades.

E61 ADVENTSKERK/CHURCH

Leeuwerikenlaan, Aerdenhout

K.L. SIJMONS ■ 1958

Bouw 1960 p.1050

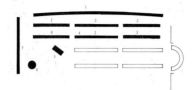

Het gebouw bestaat uit een kerkzaal, gemarkeerd door betonnen schaaldaken en een gevel van glas en beton, en een langwerpig rechthoekig dienstgebouw, onderling verbonden door een vrijgevormd verkeersgebied. De onregelmatige, uit een handschets voortgekomen maten, zijn gecontroleerd door de modulor, het op de gulden snede gebaseerde maatsysteem van Le Corbusier. Diens invloed is duidelijk, maar toch persoonlijk verwerkt in dit ontwerp. In het interieur zijn robuuste materialen als zichtbeton en ongeschaafd vurehout gecombineerd met marmer en notehout ■ The building consists of a main church space expressed by concrete shell roofs and a facade of glass and concrete, and an oblong, rectangular services block, the two being interlinked by a free-form circulation area. The irregular dimensions deriving from free-hand sketches are controlled by the Modulor, Le Corbusier's system of proportion based on the Golden Section. His influence is clear, yet assimilated in the design along personal lines. Inside, sturdy materials such as untreated concrete and unpolished pine combine with marble and walnut.

E62 UITBREIDING BASISSCHOOL/EXTENSION TO SCHOOL

Mr. H. Enschedeweg 22, Aerdenhout

H. HERTZBERGER ■ 1988-1989

AB 1990-1; Lit 142⁵

AR 1990-2; Casab 1990-5

Het meest karakteristieke deel van een bestaand schoolgebouw is gehandhaafd, terwijl het gesloopte gedeelte is vervangen door een uitbreiding bestaande uit een halfrond en een rechthoekig bouwdeel, elk met vier nieuwe lokalen. Tussen beide bouwdelen bevindt zich de ook in andere scholen van Hertzberger toegepaste dubbelhoge hal met een theaterachtige opbouw (G06 en H59⁵). De naar een kruising van wegen gerichte halfronde gevel, die is bekleed met zwarte horizontale houten delen, past zich door zijn vorm, maar – opvallend genoeg – ook door zijn kleur aan op de situatie ■ The most characteristic part of an existing school building was retained, while the demolished section was replaced by an extension consisting of two volumes, one semicircular and one rectangular, each containing four new classrooms. Between these volumes is an element familiar from other schools by Hertzberger – a double-height hall laid out like a theatre (G06 and H59⁵). The semicircular facade, oriented towards where two roads intersect and clad in black horizontal planking, is attuned in form and, remarkably enough, in colour to the setting.

Dit woonhuis – minder bekend maar desalniettemin één van de hoogtepunten van de naoorlogse villa-architectuur – heeft door de sculpturale vormgeving, ondanks zijn geringe inhoud (500 m³), toch een riant karakter. De gevels bestaan uit gemetselde ruwe keien. De glazen bouwstenen pui ter plaatse van de keuken refereert aan het 'Maison de Verre' in Parijs, een ontwerp van de Franse architect Chareau en van Bijvoet. Aan de tuinzijde bevindt zich een fraaie 'glazen binnentuin'. Deze wordt afgebakend door een loopbrug bestaande uit betonplaten met ingestorte glazen tegels die zijn opgehangen in een stalen frame ■ Not so well-known yet nonetheless one of the pinnacles of postwar villa architecture, this house has a sculptural design that despite the smallish volume (500 m³) gives a sense of spaciousness. The facades are made of cobblestones. The glass block wall at the kitchen is a reference to Maison de Verre in Paris, on which Bijvoet worked with the French architect Chareau. On the garden side is a charming indoor garden enveloped in glass and circumscribed by a footbridge of concrete panels inlaid with glass tiles and hung in a steel frame.

Het gebouw bevat een speel- en gokautomatenhal en een bioscoopzaal. De speelhal is een kleurig samenspel van vides, niveauverschillen en loopbruggen, afgedekt met een betonnen circustentdak. Het theater is in de gevel afgewerkt met spiegelglas en versierd met vijf gigantische vlaggen, gemaakt van staalplaat en bekleed met gelijmde mozaïektegels. Twee vlaggen vormen de eindgevels van het theater, de drie andere zijn slechts suggestie. Zowel in interieur als exterieur is, conform de ideeën van Venturi, de banale vormentaal van de amusementsindustrie als uitgangspunt genomen ■ The building combines an amusement hall cum fruit machine arcade with a cinema. The first is a colourful interplay of voids, differences in level, and footbridges beneath a concrete roof resembling a circus tent. The cinema facade has mirror-glass cladding and is decorated with five gigantic flags of sheet steel glued to which are mosaic tiles. Two complete flags form the head elevations of the cinema; the other three are partly reflection. Both inside and out the point of departure, in accordance with the ideas of Venturi, has been the banal formal vocabulary of the amusement industry.

De opvallend aan de Westeinder Plassen gesitueerde 50 m. hoge watertoren is één van de weinige voorbeelden van Art Deco-architectuur in Nederland. De toren is nagenoeg vierkant en geconstrueerd uit vier zware betonnen kolommen op de hoeken en vier lichtere halverwege de gevelvlakken van rode baksteen, verbonden door horizontale betonnen koppelbalken. De constructie is verbijzonderd door zich verbredende betonnen vlakken, abstract geometrische decoraties die ook te zien zijn bij de deur- en raampartijen op de begane grond ■ This 50 metre high water tower standing on the Westeinderplassen near Aalsmeer is remarkable in that it constitutes one of the few examples of Art Déco architecture in the Netherlands. Virtually square, it is constructed from four massive concrete columns at the corners and four lesser ones halfway across the red brick facades, bridged by horizontal concrete beams. What makes the construction stand out is the gradual superimposition of layers of concrete to form abstract geometric decoration also evident at the door and windows on the ground floor.

WOONHUIS LOOYEN/PRIVATE HOUSE E63

Zwarteweg 5, Aerdenhout

BIJVOET & HOLT ■ 1948

Lit 103

CIRCUSTHEATER E64

Gasthuisplein/Kosterstraat, Zandvoort

SJ. SOETERS ■ 1986-1991

AB 1991-5; Archis 1991-6; Arch 1991-5

WATERTOREN/WATER TOWER E65

Kudelstaartseweg, Aalsmeer

H. SANGSTER ■ 1928

Lit 153⁵

E66 WOONHUIS BARENDSEN/PRIVATE HOUSE

Oosteinderweg 215, Aalsmeer

M. DE KLERK ■ 1923

Lit 79-7; Kle 3

In deze woning voor een bloementeler zijn alle belangrijke ruimtes op de begane grond gesitueerd. De woonkamer aan de voorzijde en de slaapkamers en de keuken daarachter, zijn gegroepeerd rondom een centrale hal. Doordat de entree in de zijgevel is geplaatst kon de voorgevel worden uitgerust met een prachtige, over de hoeken doorlopende raamstrook. Deze raamstrook en de asymmetrische schoorsteen, waarvan één van de zijden in feite een voortzetting is van het schuine dak van de achter het huis geplaatste schuur, zijn de belangrijkste plastische elementen van het huis ■ In this house for a flower grower all the major spaces are sited on the ground floor. The living room at the front and bedrooms and kitchen behind, are ranged round a central vestibule. Because the entrance is at the side the front facade could be graced with a magnificent bay window. This and the asymmetrical chimney, one side of which is in fact a continuation of the pitched roof of the barn at the back, are the house's major sculptural elements.

F33 WOONGEBOUW/HOUSING BLOCK

Haarlemmerhouttuinen, Amsterdam

R.H.M. UYTENHAAK ■ 1986-1989

Arch 1990-2; Archis 1990-3; Bouw 1990-14/15; Lit 142⁵

Domus 1991-6

Het lichtgebogen woongebouw, een wand oplopend tot maximaal acht bouwlagen, wordt naar de autoweg van het verkeerslawaai afgeschermd door glazen schermen en opent zich op het zuiden aan de stadszijde met ruime balkons, opgenomen in een betonraster. Het gebouw bevat 95 woningen: twee lagen maisonettes op een ondergrondse parkeergarage, vier lagen 'normale' twee- en driekamerwoningen en groepswoningen voor bejaarden bovenin. Zoals het gebouw een samenstel van verschillende woningtypen is, zo is de architectuur van de gevels een collage van materialen en vormen ■ The gently meandering apartment block, a megastructure rising to a maximum of eight levels, is sheltered from the noise of the main road on that side by glass screens and opened up on its south side to the city with ample balconies. The block comprises 95 dwelling units: two levels of maisonettes above an underground car park, four levels of 'standard' two- and three-room units, and at the top communal dwellings for the aged. In the same way that the building is an assemblage of different dwelling types so too is the architecture of its facades a collage of materials and forms.

F34 EFFECTENKANTOOR/STOCKBROKER'S OFFICE

Rokin 99, Amsterdam

M.A.A. VAN SCHIJNDEL ■ 1988-1990

AB 1990-12

Het smalle pand huisvest naast het effectenkantoor een dakwoning. Door een vide rond het trappehuis in de middenzone, dringt het daglicht tot ver in het gebouw door. De trap staat onder een hoek van 45° tussen de splitlevel-verdiepingen. De gevel is opgebouwd uit lagen zandgeel en turquoise graniet en afgedekt met een tympanon. Deze combinatie van klassieke vormen en materialen met hypermodern spiegelglas en felle kleuren, toegepast in een historische gevelwand, is gedurfd en niet onomstreden ■ The narrow premises combine a stockbroker's office with a small top-floor apartment. A void containing the staircase in the central zone delivers daylight deep into the building. The stair swings 45° back and forth between the split-level floors. The facade is built up of layers of sand-coloured and turquoise granite which terminate in a tympanum. This combination of Classical forms and materials and ultramodern mirror-glass and gaudy colours inserted into a traditional urban elevation is audacious and has not gone uncriticised.

CASINO/LIDO; VERBOUWING HUIS VAN BEWARING F35

Kleine-Gartmanplantsoen, Amsterdam

H.J.L.M. RUIJSSENAARS (LRRH); C. SPANJER (P. ZAANEN) ■ 1983-1991

Het dubbelcomplex bevat winkel-, kantoor- en woonruimte, zowel nieuwbouw als renovatie, in het voormalige Huis van Bewaring met een casino aan het water. Via een nieuwe brug is het complex verbonden met het Vondelpark. De ronde vormen zijn afgeleid van de gesloopte gevangenis. In het casino is de grote speelzaal afgedekt met een zestien meter hoge glaskoepel in allerlei kleuren die het daglicht bijzonder feestelijk en imponerend kleurt ■ This dual complex combines premises for shops, offices, and dwellings, both new and renovated, in the former House of Detention, with a casino along the water. A new bridge connects the complex to the Vondel Park. Its curved forms derive from the demolished prison. In the casino is a large gaming hall with a sixteen metre high glass dome of many hues which colours the daylight in a particularly gay and impressive fashion.

WOONGEBOUW/HOUSING BLOCK BYZANTIUM F36

Stadhouderskade/Tesselschadestraat, Amsterdam

OMA ■ 1985-1991

K.W. Christiaanse, R. Steiner (proj.)

Arch 1991-7/8; Archis 1991-8

In de landelijke en plaatselijke pers is dit luxe appartementengebouw met winkels en kantoren omschreven als toonbeeld van arrogantie en smakeloosheid. In feite is het een sober, degelijk en voornaam gebouw dat goed aansluit op de omgeving: door de kamvormige structuur op het Vondelpark en door de hoge bebouwing en de kantoortoren op de pleinwand. Op straatniveau is het gebouw verlevendigd door een opzichtige uitbouw. De bekroning met een goudkleurige kegel, oorspronkelijk bedoeld als skybar, bevat de living van het bovenste appartement ■ In the national and local press this luxury apartment building containing shops and offices has been branded as the epitome of arrogance and tastelessness. It is in fact a sober, respectable, distinguished building which fits well into its setting, through the comb-shaped structure to the Vondel Park and the tall mass and office towers on the square side. The block is enlivened at street level by a flamboyant extension and crowned with a gold truncated cone, originally intended as a 'sky bar' and now containing the living room of a top-floor penthouse.

RIJKSAKADEMIE VAN BEELDENDE KUNSTEN/STATE ACADEMY OF FINE ARTS F37

Sarphatistraat 112, Amsterdam

K.J. VAN VELSEN ■ 1987-1992

De voormalige Cavaleriekazerne uit 1863 is verbouwd tot Rijksakademie van Beeldende Kunsten. In de stallen en de manege zijn werkplaatsen en ateliers ondergebracht. Op het binnenplein staan twee nieuwe gebouwen met voorzieningen: bibliotheek, gehoorzaal, galerie, studio en administratie. Ze zijn met luchtbruggen onderling en aan het bestaande gebouw verbonden. Aan de achterzijde aan het water is een petit restaurant geprojecteerd. De nieuwbouw vertoont de van Van Velsen bekende architectonische complexiteit, maar is wel met steen bekleed om niet al te opzichtig tegen het bestaande gebouw af te steken ■ Here, a former cavalry barracks of 1863 has been converted into a fine arts academy. In the former stalls and arena are now workshops and studios. The inner courtyard contains two new blocks of facilities: library, auditorium, gallery, studio, and administration. Footbridges link them to each other and to the existing building. Projected at the rear on the water is a 'petit restaurant'. The new buildings display Van Velsen's customary architectural complexity, yet have stone cladding so as not to stand out too much from the existing block.

H55 STATION SLOTERDIJK

Radarweg/Spaarnwouderweg, Amsterdam

H.C.H. REIJNDERS ■ 1983-1986

AB 1985-2, 1986-9

A+U 1987-9; DB 1988-11

Sinds Breda (1975) en Zaanstad (E28, 1983) worden voor de overkapping van grotere stations ruimtevakwerkconstructies toegepast. Het belangrijke overstapstation Sloterdijk is een recent voorbeeld van deze ontwikkeling. De vakwerkconstructie is als een tafel (50 x 65 m.) over twee ongelijkvloers kruisende spoorlijnen geplaatst. Tussen beide spoorlijnen bevinden zich een platform ten behoeve van trams en bussen en een hoger gelegen publiekshal. De bovenste spoorbaan is over een lengte van 150 meter voorzien van een transparante boogoverkapping ■ Since Breda (1975) and Zaanstad (E28, 1983) larger railway stations have been given a space frame roof. The major junction at Amsterdam Sloterdijk is a recent example of this development. The space frame structure lies like a table of 50 x 65 m. across two railway lines that intersect at different levels. Between them is a platform for trams and buses and higher up a station hall. The upper railway line is sheltered for 150 meters of its length by a transparent 'tube'.

H56 ZAAGTANDWONINGEN/SAWTOOTH DWELLINGS

Ward Bingleystraat/Andries Snoekstraat e.o., Amsterdam

F.J. VAN GOOL ■ 1959-1960

Bouw 1959 p.1164, 1964 p.138; Goed Wonen 1959 p.257

Werk 1963 p.26

Deze wijk van 299 woningen in twee lagen voor kleine gezinnen is opgebouwd uit haakvormige bouwblokken die twee aan twee een groen binnenhof omsluiten. De gehele wijk is opgebouwd uit één woningtype met als belangrijkste kenmerk de geknikte straatzijde, die de straatwanden het karakteristieke zaagtand-uiterlijk bezorgen. Door deze uitgeknikte voorzijde werd de gevellengte van de 4,22 m. brede woning verlengd en ontstond aan de straatzijde ruimte voor zowel de keuken als een portiekje met de hoofdentree en de toegang tot een inpandige berging ■ This estate of 299 two-storey dwellings for small families is constructed of L-shaped blocks which in pairs enfold a green interior courtyard. The estate as a whole is built up from a single dwelling type whose principal hallmark is a staggered streetside facade providing the distinctive sawtooth appearance. This arrangement enabled the front facade of the 4.22 m. wide units to be extended, and created space on the street side for both the kitchen and a porch containing the main entrance and access to an indoor storage space.

H57 KANTOOR/OFFICE BUILDING KPMG

Burgemeester Rijnderslaan 10-20, Amstelveen

ALBERTS & VAN HUUT ■ 1988-1991

M. van der Schalk (int.)

AB 1991-10

De zo persoonlijk ogende antroposofische architectuur van Alberts & Van Huut is niet meer voorbehouden aan de 'zachte sector', maar wordt succesvol toegepast voor kantoorgebouwen (H50). Het langgerekte gebouw bevat twee hoge bouwdelen, waarin de entree en een doorgaande route zijn opgenomen. De antroposofische vormen zijn hier een modificatie van een 'normaal' kantoorgebouw, omdat men uit moest gaan van een bestaand stedebouwkundig concept. In het zeer verzorgd gedetailleerde interieur komt de architectuur beter tot haar recht ■ The anthroposophical architecture of Alberts & Van Huut, so personal in appearance and once reserved for welfare, has since been successfully applied to office buildings (H50). The elongated block comprises two tall sections containing the entrance and a unbroken circulation route. Here the anthroposophical forms are a modification of a 'normal' office block, the architects being faced with an existing urban context. In the interior with its extremely precise detailing the architecture comes more into its own.

INTERNATIONAAL INSTITUUT VOOR SOCIALE GESCHIEDENIS H58

Cruquiusweg 31, Amsterdam

ATELIER PRO ■ 1987-1989

H. van Beek, H. van der Leeden (proj.)

Arch 1989-11; Lit 142ˢ

Een robuust geconstrueerd en functioneel betonnen pakhuis uit 1961 is verbouwd tot archief voor het Internationaal Instituut voor Sociale Geschiedenis. Twee verdiepingen bevatten archiefruimtes, op de onderste lagen zijn naast archieven ook publieksfuncties gehuisvest, zoals receptie, studiezaal, conferentiekamers, expositieruimte, kantine en kantoorruimtes. Hier is het gesloten gebouw zowel door het aanbrengen van glaspuien in de gevels als door het uitsnijden van een vide aan de kantine ruimtelijk 'geopend' ■ A sturdily constructed and functional concrete warehouse from 1961 has been converted into an archive store for the International Institute for Social History. The two uppermost levels contain archives only, the lower levels combining them with public functions including a reception area, reading room, conference facilities, exhibition gallery, canteen, and offices. Here the otherwise introverted building is spatially opened up as much by copious glazing in the facades as by the void at the canteen.

BASISSCHOOL/PRIMARY SCHOOL 'DE EVENAAR' H59

Ambonplein, Amsterdam

H. HERTZBERGER ■ 1984-1986

AB 1988-2

Domus 1987-4; ARec 1987-7; AdA 1988-6

De school is gebouwd volgens hetzelfde basisprincipe als de scholen aan de Apollolaan (G06). De gevels van de lokalen zijn in dit geval gebogen en meer open van karakter. De lokalen op de verdieping zijn gegroepeerd in twee clusters van drie lokalen elk met een eigen 'voorgebied'. Door beide clusters uit elkaar te schuiven ontstond ruimte voor een centraal amfitheater. Opnieuw biedt Hertzberger binnen het beperkte budget voor scholenbouw een enorme ruimtelijke rijkdom en toont hij zich een meester in het detailleren, zoals bij de complexe, uit een beperkt aantal standaard staalprofielen opgebouwde trapconstructies ■ The school was built according to the same basic principle underlying Hertzberger's Apollo Schools (G06). The classroom facades in this case are curved and of a more open character. Those upstairs are grouped in two clusters of three each with its own 'prefatory space'. Dislocating the two clusters created space for a central amphitheatre. Once again Hertzberger managed to achieve a great spatial opulence within the limited budget allotted for building schools, and shows himself to be a master of detail.

KANTOORGEBOUW, LABORATORIUM/OFFICES, LABORATORY EUROCETUS H60

Paasheuvelweg 30, Amsterdam

D. BENINI ■ 1987-1989

Arch 1989-9; Bouw 1990-20

l'Arca 1990-4

Met zijn verfijnd gedetailleerde, decoratieve, geprefabriceerde baksteengevels vormt dit gebouw een uitzondering in deze door schaalloze glastorens gedomineerde kantorenwijk. De Italiaanse architect Benini verwerkt in dit gebouw invloeden van zowel Berlage als van zijn leermeester Carlo Scarpa. Kantoren met een open, verspringende gevel en laboratoria ter plaatse van de meer gesloten gevels zijn, elk in een eigen vleugel, gegroepeerd langs een passage-achtige binnenruimte, die wordt afgesloten door een glazen tongewelf ■ With its exquisitely detailed, decorative, prefabricated brick facades the building forms an exception in this office area dominated by scaleless glass towers. The Italian architect Benini incorporates the influence both of Berlage and of Benini's instructor Carlo Scarpa. Offices with an open, staggered front and laboratories at the more introverted facades are ranged, each in its own wing, along a passage-like interior space enclosed by a glass barrel vault.

K48 UITBREIDING/EXTENSIONS TO ESTEC-COMPLEX

Keplerlaan 1, Noordwijkerhout

A.E. & H. VAN EYCK ■ 1985-1989

AB 1989-8; Arch 1989-12; Lit 141⁵, 142⁵; vEy 6

AR 1990-2; A+U 1991-4

Het ruimtevaartonderzoekscentrum Estec is uitgebreid met een kantoorgebouw en een voorzieningengebouw met restaurant, bibliotheek en congreszalen. Het kantoorgebouw bestaat uit een reeks onderling gekoppelde, in hoogte opklimmende torens. Onder de grijstinten van het golvende daklandschap van het voorzieningengebouw bevindt zich een veelkleurige wereld van in elkaar overlopende ruimtes. De basis van het ontwerp is een familie van uit stalen buizen opgebouwde, veelhoekige kolommen en stalen boogspanten die de veelheid aan richtingen, curves en dakhellingen mogelijk maken ■ The European Space Agency or Estec has been extended with an office building and a communal facilities block comprising a restaurant, a library, and conference facilities. The office building consists of a series of interlinked soaring towers. Concealed below the grey tones of the undulating roofscape of the facilities block is a colourful world of interlocking spaces. The basis of the design is a family (a 'hendecagonic order') of many-sided columns and steel arcuated trusses built up of steel tubes that allow for the multiplicity of directions, curves, and slopes of roof.

K49 STADSVILLA'S, FLATRENOVATIE/URBAN VILLAS, FLATRENOVATION

Smaragdlaan/Agaatlaan, Leiden

A.P.J.M. VERHEIJEN ■ 1987-1989

AB 1989-9; Arch 1989-9; Lit 142⁵

De rehabilitatie van deze jaren-zestigwijk behelst zowel de renovatie van de 285 meter lange Agaatflat (1969) als de verdichting van het stedebouwkundig plan met een tiental kleine stadsvilla's. Op de begane grond bevindt zich naast de bergingen en twee vrij verhuurbare garages één woning met overdekt terras; de verdieping bevat twee woningen met dakterras. De kleine stadsvilla's zijn harmonisch van proportie, verfijnd van detaillering met speciale aandacht voor de opeenvolging van het gekleurde stucwerk, dat geslaagd gecombineerd is met de high-tech van trappehuis en dakopbouw ■ The rehabilitation of this district from the sixties combines the renovation of the 285 metre long Agaatflat (1969) with the infill of the urban plan with ten small 'villas'. On their ground floor, in addition to storerooms and two rentable garages, is one dwelling with a roofed terrace; the floor above contains two units and a roof garden. These modest urban villas have harmonious proportions and a refinement of detail that pays particular attention to the sequence of coloured plasterwork successfully combined with the High-Tech stair and roof structure.

K50 HOOFDKANTOOR/HEAD OFFICE MEXX

Leidseweg 219, Voorschoten

R.A.M. STERN ■ 1985-1987

G.S. Wyatt (proj.)

AB 1987-8; Lit 139⁵

ARec 1988-5

De uit 1858 stammende zilverfabriek Van Kempen & Begeer is verbouwd tot hoofdkantoor van het modeconcern Mexx. De U-vormige fabriek is uitgebreid met een grote hal met schuine glasgevel, bruikbaar voor modeshows, een aanbouw met vergaderzaal en ontwerpateliers en een carousselvormig bedrijfsrestaurant. De spiegelende glasgevels contrasteren met het klassieke bestaande gebouw; in het interieur is door monumentale elementen, klassieke vormen en verfijnde materialen een voorname sfeer gecreëerd ■ The Van Kempen & Begeer silverworks dating from 1858 has been converted into the headquarters of the Mexx fashion concern. The U-shaped factory was extended with a large atrium with a sloping glazed facade suitable for fashion shows, an annex containing a conference room and design studios, and a company restaurant shaped like a merry-go-round. The mirror-glass facades contrast with the traditional existing building; inside, monumental elements, traditional forms, and sophisticated materials add up to a congenial atmosphere.

WOONHUIS/PRIVATE HOUSE 'DE LUIFEL' K51

Wilhelminalaan 3, Wassenaar

H. WOUDA ■ 1923-1924

Lit 79-7; Wouda 1

Hendrik Wouda is bekend als meubelontwerper en als architect, vooral van vrijstaande woningen die een sterke invloed van Frank Lloyd Wrights prairiehouses vertonen. Woonhuis 'De Luifel' heeft door de flauwe dakhellingen, de overstekende dakvlakken, de vrijstaande borstweringen en zelfs door de bredere horizontale voegen in het metselwerk een sterk horizontaal karakter. Het betreft een in feite kubusvormig woonhuis met aan twee zijden een uitbouw, een berging aan de achterzijde en een spreekkamer aan de voorzijde, met een overstek van 2,90 m. ■ Hendrik Wouda is best known as a designer of furniture and as an architect, particularly of free-standing houses that exhibit the powerful influence of Frank Lloyd Wright's prairie houses. In this one, 'De Luifel', the gently pitched, jutting roofs, free-standing upstand walls, and even the broader horizontal joints in the brickwork contribute a strongly horizontal character. It is, essentially, a cube-shaped dwelling flanked on two sides by an extension, at the rear a storeroom and at the front a parlour whose roof projects 2.90 m.

BEDRIJVENCENTRUM/INDUSTRIAL CENTRE SIEMENS K52

Werner von Siemensstraat, Zoetermeer

G. STANDKE & R. DIETERLE ■ 1989-1990

Arch 1991-5

Over de lengte van het terrein ligt een gracht met aan weerszijden een reeks kantoorgebouwen, aan de ene zijde gekoppeld aan publieksserviceruimtes, aan de andere zijde aan grote werkplaatsen. Aan de kop van de gracht bevindt zich het kenmerkende ronde bedrijfsrestaurant annex opleidingsinstituut. Alle gebouwen zijn uitgevoerd als staalconstructie, bekleed met zilverkleurige geprofileerde aluminium gevelplaten en voorzien van elegante stalen vluchtbalkons en spiltrappen, een sterk door Richard Meiers ontwerp voor Siemens beïnvloede architectuur ■ Stretching along the length of the site is an artificial canal with on either side a string of office buildings, on one side linked to public service spaces, on the other to vast factory halls. At the head of the canal is the distinctive circular company restaurant cum training centre. All buildings are executed as steel structures, clad with silver corrugated aluminium facade panels and equipped with elegant steel emergency landings and spiral stairs, an architecture very much influenced by Richard Meier's design for Siemens in Munich.

WONINGBOUW/HOUSING CAMINADA K53

Auroraplein, Delft

MECANOO ■ 1985-1988

Bouw 1989-3; Arch 1987-12; Lit 139ˢ; Mec 2

AdA 1988-6

Twee bouwblokken van twee en drie lagen zijn loodrecht op de bestaande straatgevels geplaatst, waarbij de continuïteit van de straatwand door de op de straat georiënteerde kopgevels blijft gewaarborgd en een plezierig openbaar plein is gecreëerd. In het complex van 22 woningwetwoningen komen negen verschillende types voor, ontsloten door portieken, korte galerijen en orthodoxe voordeuren. De architectuur verwijst naar het voor- en naoorlogse modernisme: platte daken, stucwerk, pastelkleuren, geribbelde betonnen panelen en scheve balkons ■ Two apartment blocks in two and three storeys stand at right angles to the existing street elevations. By having the head elevations of the new blocks face onto the street the continuity of each street elevation is ensured and a pleasant public square created. The complex of 22 social housing units boasts nine different types reached from porches and short access galleries and by the traditional front door. The architecture refers to pre-and postwar Modernism: flat roofs, rendering, pastel shades, ribbed concrete panels, and lopsided balconies.

K54 'TWEE ONDER EEN DAK'

Straat van Ormoes/Straat van Malakka, Delft

DIVERSE ARCHITECTEN ■ 1989-1991

AB 1991-2, 1991-8; Arch 1991-4; Archis 1991-10; Lit 142ˢ, 145ˢ

B. Galis (SvM 70-72); J. Pontier (SvM 62-64); A. Nieuwpoort (SvO 137-139);
F. Bos (SvO 141-143); J. Pesman (Cepezed) (SvO 145-147); C. Reijers
(SvO 149-151); T. Voets (SvO 153-155)

De ontwerpersvereniging 'Delft Design' organiseerde samen met de
gemeente in 1989 een prijsvraag 'Twee onder een dak', waarna twaalf
voornamelijk jonge architecten hun plan konden uitvoeren. Blikvanger is de
uit roestvrijstaal en glas opgebouwde dubbele villa van Cepezed (zie afb.).
In een eenvoudige rechthoekige doos van drie lagen is over de diagonaal een
vast element geplaatst met sanitair en keukenblok. De woning is niet alleen
een technologisch statement van high-tech-coryfee Pesman, maar ook
functioneel, leefbaar en ruimtelijk interessant ■ In 1989 the designer's
association 'Delft Design' organised together with Delft Town Development
a competition for semi-detached houses, after which twelve mainly young
architects could execute their plans. The most eye-catching of these are the
twin villas erected in stainless steel and glass by Cepezed (see ill.). In this
basic rectangular box a fixed service block for ablutions and cooking placed
along the diagonal extends up through all three storeys. The building is not
just a technological statement by Pesman, a leading light in Dutch High-Tech;
it is functional, inhabitable, and spatially interesting too.

K55 WINDSCHERM/WIND SHIELD CALANDKANAAL

Europaweg (Calandbrug), Rozenburg

M. STRUIJS (GEMEENTEWERKEN) ■ 1983-1985

Bouw 1986-23

Om problemen met windhinder rond de Calandbrug op te lossen, was een
windscherm met de volgende eisen noodzakelijk: 1750 m. lang, 25 m. hoog en
25% winddoorlatend. Uit een viertal modellen werd de – zeker esthetisch –
optimale oplossing gekozen, waarbij in plaats van een geperforeerde wand
losse betonnen elementen zijn toegepast. Het zuidscherm bestaat uit
halfronde schijven met een diameter van 18 m. en een hoogte van 25 m., die in
het middenscherm zijn 4 m. in diameter en 25 m. hoog. Het noordscherm
bestaat uit rechte betonplaten van 10 bij 10 m. ■ To solve problems caused
by wind round the Caland Bridge required a wind shield with the following
specifications: 1750 m. long, 25 m. high, and 75% windproof. Out of four
models the most efficient solution – and certainly the most aesthetic – was
chosen; instead of a perforated wall it applied free-standing concrete
members. The southern shield consists of semicircular piers 18 m. in
diameter; this is reduced to 4 m. for the central shield. Both are 25 m. high.
The north shield comprises square concrete panels of 10 x 10 m.

L38 WONINGBOUW, STEDEBOUW/HOUSING, URBAN DESIGN SLACHTHUISTERREIN

Neherkade, Den Haag

A. ROSSI (STUDIO D'ARCHITETTURA) ■ 1988-1991

Architecten Cie (arch.)

Arch 1988-9; Archis 1988-9

Op het voormalige slachthuisterrein wordt naar stedebouwkundig ontwerp
van Aldo Rossi woningbouw en bedrijfsruimte gerealiseerd. Langs de drukke
verkeersroute verrijst een 500 m. lange megastructuur. Deze hoge en
monumentale wand vormt een scherm voor de rest van de wijk, waarin
diverse woningbouwvormen worden uitgewerkt door jonge architecten:
Madeleine Steigenga, Erna van Sambeek, DKV en de gebroeders
Wintermans. Enkele negentiende-eeuwse bedrijfsgebouwen, zoals de glazen
overkapping van de slachthuishallen, het ketelhuis en enkele villa's blijven
bewaard ■ Realised on the site of a former abbatoir are housing and
business premises after an urban design by Aldo Rossi. Along the busy main
road rises a 500 metre long block. This tall, monumental megastructure forms
a screen for the rest of the area, in which various housing types are being
elaborated by young architects: Madeleine Steigenga, Erna van Sambeek,
DKV, and the Wintermans brothers. Certain nineteenth century elements
have been retained, notably the glass roof of the abbatoirs, the boiler house,
and a number of villas.

Het stedebouwkundig plan van Van Herk & De Kleijn bevat drie langgerekte woonblokken, aan de stationszijde afgesloten door een eroverheen geschoven bouwblok, waardoor twee poorten zijn ontstaan. Aan de andere zijde is een plein met voorzieningen en winkels gecreëerd. Sterk afwijkend van de neo-modernistische woningbouw is het eerste gerealiseerde werk van de Waalse architect Vandenhove op de hoek van de Hoefkade en de Stationsweg, dat tracht aan te sluiten bij de Haagse negentiende-eeuwse bouwvormen ■ The urban design master plan by Van Herk & De Kleijn comprises three elongated housing blocks, terminated at the station side by a further block which straddles them, creating two gateways. On the other side is a square with shops and services. A far cry from the neo-Modern housing is the first realised work by the Belgian architect Vandenhove on the corner of Hofkade and Stationsweg, which seeks to link up with the nineteenth century building types of The Hague.

De Portugese architect Alvaro Siza ontwikkelde in samenspraak met de bewoners – vooral islamitische immigranten – speciale plattegronden met een bijzondere verkeersstructuur. De twee blokken, Punt en Komma, zijn zeer neutraal vormgegeven en zetten de Nederlandse woningbouwtraditie voort: Haagse portieken, baksteengevels, gesloten bouwblokken. Slechts incidenteel zijn er door middel van materiaal- en kleuraccenten verbijzonderingen aangebracht. Het aansluitende blok in de Suze Robertsonstraat is deels van Geurst & Schulze; het gepleisterde blok van Van Herk & De Kleijn ■ The Portuguese architect Alvaro Siza developed in consultation with the residents –largely Islamic immigrants – special plans with an exceptional traffic layout. The design of the two blocks, designated 'Full Stop' and 'Comma', is extremely neutral and carries on the Dutch housing tradition: Hague porches, brick facades, perimeter blocks, with only the occasional accentuation by way of colour or material. The adjoining block in Suze Robertsonstraat is partly by Geurst & Schulze; the rendered block is by Van Herk & De Kleijn.

Op een driehoekig terrein zijn 200 woningen gesloopt om plaats te maken voor een ondergrondse parkeergarage en een wijkpark. De twee woningen voor de beheerders zijn gecombineerd met een winkel en de voetgangersentree. De woningen vormen een respectvolle hommage aan de Nederlandse architectuur, een voor onmogelijk gehouden huwelijk tussen Amsterdamse School en het Nieuwe Bouwen: baksteen, gesloten gevels, ronde vormen en verticale accenten in een harmonieus samenspel met pleisterwerk, grote glasvlakken, terrassen en horizontale en rechthoekige vormen ■ On a triangular site 200 dwellings were demolished to make way for underground parking facilities and a local park. The two warden's residences are combined with a shop and pedestrian entrance to the car park. The dwellings constitute a respectful tribute to Dutch architecture, a marriage deemed impossible between the Amsterdam School and the Nieuwe Bouwen: brick, all but blank-walled facades, round forms, and vertical accentuations within a harmonious interplay of rendering, large glazed surfaces, terraces, and shapes horizontal and rectangular.

STADSVERNIEUWING/URBAN RENEWAL SCHILDERSWIJK L39

Hoefkade/Jan Blankenstraat/Stationsweg, Den Haag

DIVERSE ARCHITECTEN ■ 1985-1991

Mecanoo (1,2); Van Herk & De Kleijn (3); DAK (4,5); Ch. Vandenhove (6)

WONINGBOUW/HOUSING L40

Suze Robertsonstraat e.o., Den Haag

A.J.M. SIZA VIEIRA ■ 1985-1989

C. Castanheira (proj.)

Van den Broek & Bakema (arch.)

Arch 1988-7/8; AB 1989-3; Archis 1987-7; Siza 1

Casab 1987-9; AdA 1989-2; AR 1990-10

PLEINBEBOUWING/REDEVELOPMENT OF SQUARE L41

Van der Vennestraat, Den Haag

A.J.M. SIZA VIEIRA ■ 1985-1989

C. Castanheira (proj.)

Mecanoo (arch.)

Arch 1988-7/8; Archis 1987-7; Lit 141^S

Casab 1987-9; Domus 1988-7/8; AdA 1989-2

L42 WONINGBOUW/HOUSING

Katerstraat, Den Haag

ATELIER PRO ■ 1984-1987

H. van Beek, W. Nuis (proj.)

Bouw 1988-6; Arch 1987-6; PRO 1

De bestaande straat in deze stadsvernieuwingsbuurt is geheel vernieuwd: het profiel is verbreed en er zijn een dwarsstraat en pleintje toegevoegd, terwijl het parkeren ondergronds is gesitueerd. Door deze opzet te combineren met een zorgvuldige architectuur met gestucte gevels en de fraaie halfronde trappehuizen met glazen bouwstenen is een voorbeeldig stadsvernieuwingsproject ontstaan. De straat bevat drie- en vierkamerwoningen; op de hoeken bevinden zich winkels met daarboven tweekamerwoningen en rond het plein is een centraal-wonen-project gehuisvest ■ The existing street in this urban renewal area has been completely renewed: its profile has been broadened, a side street and square added, and underground car parks installed. Combining this arrangement with white rendered facades and elegant semicircular stair-towers in glass block has spawned an exemplary urban renewal project. The street contains three- and four-room dwelling units; at the corners are shops with two-room units above, and ranged round the square is a corporate housing project.

L43 UITBREIDING TWEEDE KAMER/EXTENSIONS TO PARLIAMENT

Hofstraat/Plein, Den Haag

P.B. DE BRUIJN ■ 1981-1992

WTABK 1980-3; Project 1991-9

Deze nieuwbouw voor de Tweede Kamer voegt zich, ondanks de strakke, modernistische architectuur, opvallend gemakkelijk in de complexe historische omgeving. De ruimtelijke ruggegraat van het complex wordt gevormd door een hoge, langgerekte openbare hal met een glazen dak. Langs de hal zijn in meerdere lagen een reeks vergaderruimten gesitueerd. De halfronde plenaire zaal aan de Hofsingelzijde wordt geflankeerd door een torentje dat de bestaande bebouwing langs de Lange Poten afsluit en waarin een koffieshop, de rookzaal en ruimtes voor de media zijn opgenomen ■ Despite its taut, modernist architecture this new complex for the 'Second Chamber' of Parliament in The Hague fits with remarkable ease into the complex urban setting. Its spatial spine is a tall, elongated glass-roofed public hall connecting the two entrances, at the Plein and Hofsingelplein. Ranged along the hall are several levels of conference rooms. The semicircular plenary hall on the Hofsingel side is flanked by a turret terminating the existing buildings along Lange Poten and containing a coffee shop, smoking room, and rooms for the media.

L44 MINISTERIE VAN VROM/MINISTRY OF HOUSING

Rijnstraat, Den Haag

J. HOOGSTAD ■ 1986-1992

AB 1986-12; Bouw 1987-17; Hoog 2

Dit ministerie is het eerste kantoorgebouw in Nederland waarin op grote schaal gebruik wordt gemaakt van de ruimtelijke en bouwfysische voordelen van het atrium. Het is in feite een traditioneel kamvormig kantoorgebouw waarvan de open ruimtes tussen de kammen geheel zijn beglaasd zodat enorme serres zijn ontstaan. Het binnenklimaat van de serres kan worden geregeld door glazen schuifdaken. Hierdoor kunnen de ramen van de kantoren die op de serres uitkijken worden geopend, iets dat bij een traditioneel kantoor op deze locatie vol verkeerslawaai onmogelijk zou zijn geweest ■ This building is the first large office building in the Netherlands to exploit the physical and spatial properties of the atrium. It is in fact a traditional comb-shaped office block whose open spaces between the 'teeth' of the comb are fully glazed to create enormous conservatories. In these the indoor climate can be regulated by glass sliding roofs. Such an arrangement means that the office windows opening onto the conservatories can be opened, a state of affairs which for a traditional office situated here amidst the din of traffic would have been impossible.

KANTOORGEBOUW/OFFICE BUILDING 'PETROLEA' L45

Zuid-Hollandlaan 7, Den Haag

J.H. DE ROOS & W.F. OVEREYNDER ■ 1921-1924

Lit 120⁵

Het ontwerp was oorspronkelijk bedoeld als inzending voor een mogelijke prijsvraag voor een raadhuis in Hilversum. Het werd later aangeboden aan de American Petroleum Company en diende tot 1987 als hoofdkantoor van de Esso. Het monumentale gebouw heeft weliswaar een traditionalistisch uiterlijk, maar de baksteengevels verbergen een betonskelet en de enorme zalen in het interieur hebben kappen van in het zicht gelaten stalen spanten. In de 56 m. hoge toren, de glas-in-lood-ramen en de verlichtingsarmaturen zijn Art Deco-motieven verwerkt ■ The design was originally an entry to a projected competition for a city hall in Hilversum. It was later offered to the American Petroleum Company and until 1987 served as the headquarters of Esso. Viewed from outside, the monumental building looks traditional enough. However, its brick facades conceal a concrete skeleton and the enormous rooms are spanned by exposed steel trusses. The 56 metre high tower, leaded windows, and light fittings all exploit Art Déco motifs.

MINISTERIE VAN SOCIALE ZAKEN EN WERKGELEGENHEID/MINISTRY L46

Anna van Hannoverstraat 4-6, Den Haag

H. HERTZBERGER ■ 1979-1990

AB 1991-1; Arch 1991-2; Lit 145⁵; Hertz 7

AR 1987-5, 1990-2; Casab 1991-10

De bouwmassa van dit kantoorgebouw voor 2400 ambtenaren is opgedeeld in zestien onderling geschakelde, achthoekige torens. Evenals bij het kantoorgebouw voor Centraal Beheer (B07) wordt de enorme kantoormassa door middel van een familie van geprefabriceerde betonnen kolommen en liggers, die zijn geplaatst op een vierkant stramien, opgedeeld in een aantal werkeilanden die tot een groeiende reeks clusters zijn gekoppeld. Een hoge, over de lengte van het gebouw doorlopende vide waarin alle belangrijke trappen en liften zijn opgenomen, vormt de ruimtelijke ruggegraat van het complex ■ The mass of this office building for 2400 employees is divided up into sixteen interlinked octagonal towers. As in the case of Centraal Beheer (B07) the enormous office area is broken down, using a family of prefabricated concrete beams and columns set in a square grid, into so many 'islands' linked in an expanding series of clusters. A tall void running the full length of the building and containing all the principal stairs and lifts, forms the backbone of the complex.

WONINGBOUW, STEDEBOUW/HOUSING, URBAN DESIGN MOLENSLOOT L47

Carel Reinierskade e.o., Den Haag

C. VAN EESTEREN, MERKELBACH & KARSTEN ■ 1928-1940

Lit 95, 120⁵

Het stedebouwkundig plan voor de woonwijk Molensloot is ontworpen door Van Eesteren. Na zijn benoeming in 1929 tot hoofdstedebouwkundige in Amsterdam werd de wijk uitgewerkt door Merkelbach & Karsten. De woningen zijn ontworpen volgens functionalistische principes en vormen daarmee een uitzondering in het vooroorlogse Den Haag. Door het gebruik van baksteen en de toepassing van horizontale accenten in de vorm van betonnen balkons en lateien in de gevels kan de architectuur van de wijk echter ook worden gezien als een synthese tussen functionalisme en Haagse School ■ The urban design master plan for Molensloot housing estate was drawn up by Van Eesteren. After his appointment in 1929 as head of town planning in Amsterdam plans for the estate were completed by Merkelbach & Karsten. The dwellings were designed according to functionalist principles and thus constitute an exception in The Hague prior to the war. By the use of brick and horizontal accentuation in the form of concrete balconies and lintels in the facades, however, it may be regarded rather as a synthesis of functionalism and the 'Hague School'.

L48 VILLAPARK, PARKFLAT MARLOT

Marlotweg, Zuidwerflaan, Den Haag

J.J. BRANDES ■ 1923-1934

H. Suyver (sted. plan)

Archis 1990-2; Lit 120⁵

Brandes is de voornaamste representant van de Haagse School, een op Frank Lloyd Wright en Berlage geïnspireerde, geometrisch decoratieve baksteenarchitectuur. In de villawijk Marlot, waaraan naast Brandes tevens W. Verschoor (Hofzichtlaan) en J.J. Hellendoorn (Marlotlaan) werkten, bevinden zich een aantal van de betere voorbeelden, met name Brandes' bebouwing ter plaatse van de kruising Zuidwerflaan/Van Hoeylaan en het Zuidwerfplein. De aan de rand van de wijk gelegen Parkflat is een geslaagde poging van Brandes om deze stijl op een grootschalig appartementengebouw toe te passen ■ Brandes is the principal representative of the Hague School, a geometrically decorative style of brick architecture inspired by Frank Lloyd Wright and Berlage. In Marlot villa park on which in addition to Brandes W. Verschoor (Hofzichtlaan) and J.J. Hellendoorn (Marlotlaan) worked, can be found several of the better examples of the style, particularly Brandes' development at the crossroads of Zuidwerflaan/Van Hoeylaan and at Zuidwerfplein. The Parkflat on the edge of the area is a successful attempt to apply this style to a large-scale apartment building.

L49 KANTOORGEBOUW/OFFICE BUILDING CENTRALE ONDERLINGE

Van Alkemadelaan 700, Den Haag

J. WILS ■ 1933-1935/1948

BW 1934 p.478

Het L-vormige gebouw heeft een korte vleugel met een vergaderzaal en directievertrekken en een lange vleugel met werkvertrekken, ingedeeld met verplaatsbare glazen schotten. Bij de hoofdingang op de hoek vormen het trappenhuis en de schoorsteen een markant verticaal accent in het verder horizontale gebouw. Het gebouw heeft een betonskelet, bekleed met gele baksteen. In 1948 is het gebouw uitgebreid met een extra verdieping; bij een recente renovatie zijn de stalen kozijnen vervangen door aluminium met dubbele beglazing. Enkele aangrenzende woningen behoren eveneens tot het geheel ■ The L-shaped block has a short wing containing a conference room and director's suite and a long wing of offices separated by movable glass partitions. At the main entrance on the corner the stair-tower and chimney provide a striking vertical element in the otherwise horizontal building. Its concrete skeleton is clad in yellow brick. The building was extended in 1948 with an extra storey; during a recent renovation the steel frames were replaced by aluminium ones containing double glazing. A few adjacent dwellings are as much part of the architectural whole.

L50 WOONHUIS/PRIVATE HOUSE 'WINDEKIND'

Nieuwe Parklaan 76, Den Haag

D. ROOSENBURG ■ 1927-1928

Forum 1991-april; Lit 120⁵

Het woonhuis voor Van 't Sant, vertrouwensman van koningin Wilhelmina, valt op door de kenmerkende uitkragende dakconstructie. Het bestaat uit een lang smal volume met een losstaand, monumentaal trappenhuis van schoon metselwerk, waarin Roosenburg zich schatplichtig betoont aan zijn leermeester Berlage. Op de begane grond bevinden zich de eetkamer en de dienstbodenkamers en op de tweede verdieping de slaapkamers, terwijl de eerste verdieping één grote, gelede woonruimte is. In de tuin aan het water staat een prieeltje, een miniatuur-replica van het huis ■ The residence of Van 't Sant, adjutant to Queen Wilhelmina, is immediately striking through its extensive roof overhangs. The house consists of a long narrow volume with a free-standing monumental staircase of exposed brick in which Roosenburg acknowledges his debt to his teacher Berlage. On the ground floor are the dining room and servants' quarters, on the second floor the bedrooms, while the first comprises one large articulated space. In the garden on the water stands a small summerhouse, a miniature replica of the residence.

Berlage bouwde dit woonhuis voor Carel Henny, directeur van het verzekeringsbedrijf 'De Nederlanden van 1845', waarvoor hij eerder het hoofdkantoor (L09) had ontworpen. Doordat werkelijk alles, tot en met de deurknoppen, door hem is ontworpen was de opdracht één van Berlages weinige mogelijkheden om de door hem nagestreefde eenheid in stijl te verwezenlijken. Hoewel de villa inmiddels als kantoor dienst doet, verkeert zij in een grotendeels ongewijzigde staat en is het baksteen-, natuursteen- en smeedijzerwerk van de intrigerende centrale hal nog steeds te bewonderen ■ Berlage built this house for Carel Henny, the director of the insurance company 'De Nederlanden van 1845', whose head office he had already designed (L09). Because everything, from the door handles upwards, was his work the commission was one of the few occasions when Berlage could realise the unity of style he strove for. Though the villa has since become an office its state is largely unaltered; the work in brick, stone, and wrought iron of the main vestibule is still there to be admired.

WOONHUIS/PRIVATE HOUSE HENNY L51

Scheveningseweg 42, Den Haag

H.P. BERLAGE ■ 1898

Lit 119⁵; Berl 13

Het gebouw bestaat uit een vierkant kerkgedeelte en een eronder geschoven bijgebouwtje met de kosterswoning en diverse nevenruimtes. De entreeruimte kan door middel van een vouwwand afgescheiden worden van de 1,70 m. hoger gelegen kerkzaal en vormt zo een ontmoetingsruimte. De betonnen hoofdconstructie is ingevuld met schuin geplaatste horizontale prefab betonnen lamellen met twee lagen enkelglas, tegen zoninval. In een eerdere Haagse kerk (Christus Triumfator, Juliana van Stolberglaan 154, 1962) had Drexhage vergelijkbare betonelementen verticaal toegepast ■ The building consists of a square church section and an additional block tucked beneath it containing the verger's residence and various ancillary spaces. The entrance zone can be separated off from the church space by a folding partition to form a meeting centre. The main structure in concrete has an infill of slanting horizontal prefabricated concrete slats with two layers of single glazing to temper light penetration. In an earlier church in The Hague (Christus Triumfator, Juliana van Stolberglaan 154, 1962) Drexhage applied comparable concrete elements but then vertically.

ONTMOETINGSKERK/CHURCH L52

Louis Davidsstraat 2, Den Haag

G. DREXHAGE (DSBV) ■ 1966-1969

Het Weena was jarenlang een open vlakte in het centrum. Binnen een tijdsbestek van vijf jaar is door middel van op Amerikaanse leest geschoeide hoogbouw een grootstedelijke boulevard gecreëerd. Het straatprofiel is versmald door bebouwing aan de noordzijde op de metrobuis en een tweede laag gebouwen aan de zuidkant. Vermeldenswaard zijn: Bonnema's hoofdkantoor voor Nationale Nederlanden, met 150 m. het hoogste gebouw van Nederland, Hoogstads hoofdkantoor voor Unilever en Klunders afgetopte voormalige 'ponskaart' met kantoren en woningen ■ For years the Weena was an open space in the heart of Rotterdam. Within the space of five years a metropolitan boulevard has been created by means of highrise along American lines. The street profile has been narrowed by the development on the north side above the Metro tube, and by a new front line of buildings on the south side. Worthy of mention are Bonnema's head office for Nationale Nederlanden, at 150 m. the Netherlands' tallest building, Hoogstad's Unilever headquarters, and Klunder's once-controversial block of offices and apartments, subsequently realised in a circular, truncated form.

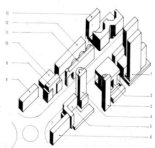

WEENA-GEBIED/WEENA DEVELOPMENT M45

Weena, Rotterdam

DIVERSE ARCHITECTEN ■ 1982-1992

Arch 1987-2; Bouw 1990-16/17

1. A. Bonnema – Hoofdkantoor Nationale Nederlanden, 1986-1991; 2. J. Hoogstad – Hoofdkantoor Unilever, 1988-1992; 3. J. Hoogstad – Woongebouw, 1988-1990; 4. H. Klunder – Kantoorgebouw/woongebouw, 1982-1990; 5. H. Klunder – Weenahuis, 1983-1987; 6. C.G. Dam – Woongebouw, 1981-1984; 7. W. de Kooning – kunstwerk; 8. ZZ&P – Kantoorgebouw Stad Rotterdam, 1985-1990; 9. H.A. Maaskant, F.W. de Vlaming – Hilton Hotel, 1960-1964; 10. P.B. de Bruijn (Architecten Cie) – Parkeergarage, 1987-1988; 11. J.J.M. Klompenhouwer (Brouwer Steketee) – Kantoorgebouw, 1986-1993; 12. H.A. Maaskant – Weenagebouw, 1966-1986; 13. Ellerman, Lucas, Van Vugt – Plazacomplex, 1984-1992

M46 SCHOUWBURG/THEATRE

Schouwburgplein, Rotterdam

W.G. QUIST ■ 1982-1988

J. van Munster, G. Rickey (b.k.)

Arch 1988-6; Quist 2

Een krap budget en een moeizame situering vormen de randvoorwaarden voor deze vervanger van de naoorlogse noodschouwburg. Vanwege de lichttoetreding naar de woningen is de 34 m. hoge toneeltoren aan de pleinkant geplaatst. De plattegrond is symmetrisch van opzet; vanuit de entree onder de toneeltoren voeren statige lange trappen langs de zaal naar de foyer aan de achterzijde, een interessant ruimtelijk geheel met bordestrappen, galerijen en vides. Quists nuchterheid en terughoudendheid overheersen in exterieur en interieur, zelfs in de grijs met rode grote zaal ■ The tightest of budgets, and an awkward site were the limiting conditions for this building, which replaces the postwar temporary theatre. To permit continued light penetration to the housing there the 34 metre high fly tower was placed at the front. The plan has a symmetrical layout: from the entrance below the fly tower long stately stairs lead past the auditorium to the foyer at the rear, an interesting spatial totality repleat with landings, galleries, and voids. Quist's soberness and restraint dominate both inside and outside, even in the grey and red main auditorium.

M47 NEDERLANDS ARCHITECTUURINSTITUUT

Mathenesserlaan, Rotterdam

J.M.J. COENEN ■ 1988-1993

Archis 1988-7; Arch 1988-7/8; AB 1988-6/7

Na een moeizame voorgeschiedenis met een heuse stedenstrijd en een prijsvraag met favorietenrol voor Rem Koolhaas krijgt Nederland eindelijk een architectuurinstituut. Het gebouw bestaat uit een licht gebogen langwerpig archiefgebouw met parkeerruimte eronder langs de verkeersweg, een entreegebouw, een administratiegebouw en een ruimtelijk complex expositiegebouw, verbonden door een uitbundig vormgegeven verkeersstructuur. Behalve een gewoon museum is Coenens ontwerp door vormgeving, materiaalkeuze en stijlcitaten ook te zien als symbool voor het fenomeen 'architectuur' ■ After a difficult start involving a 'battle of the cities' and a competition starring Rem Koolhaas, the Netherlands is finally to have its architecture institute. The complex consists of a lightly curving oblong containing archives with parking space below the main road, an entrance building, an administrative block, and a spatially intricate exhibition building, all linked by an exuberantly designed traffic system. Besides being a museum Coenen's design can also be regarded in its design, materials, and stylistic quotes as a symbol of architecture itself.

M48 KUNSTHAL/ART HALL

Westzeedijk, Rotterdam

OMA ■ 1989-1992

Y. Brunier, R. Koolhaas (park)

De Kunsthal huisvest tijdelijke tentoonstellingen en is via een wandelroute door het eveneens door Koolhaas heringerichte Museumpark verbonden met museum Boymans. Het gebouw wordt doorsneden door een kruispunt van wegen: de wandelroute en een bestaande ventweg. De wandelroute verdeelt het gebouw in een flexibele expositiehal en een voorzieningengedeelte. In het gebouw bevinden zich twee tegengesteld lopende hellingbanen, waaronder een heel brede die ook als zaal voor lezingen gebruikt kan worden. Op het dak bevindt zich een installatieruimte, die als billboard is vormgegeven voor het verkeer op de hoger gelegen dijk ■ The 'Kunsthal' houses temporary exhibitions and is linked by a pedestrian route through the Museum Park, redesigned by the same architect, to the Boymans Museum. This route and an existing service road intersect within the building. The pedestrian circulation route divides it into a freely subdivisible exhibition area and a facilities department. In the building are two opposing ramps of which the broad one can also be used as a lecture hall. On the roof is the plant room, designed as a billboard for traffic high up on the dyke.

HOTEL, THEATER, EXPOSITIERUIMTE/HOTEL, CINEMA, EXHIBITION GALLERY M49

Het complex bestaat uit een hotel, een expositie- en kantoorgedeelte en een grootbeeldtheater met een scherm van 23 x 19 m. Het gebouw volgt zowel de schuine rooilijnen van de stedebouwkundige situatie als de eigen orthogonale maatsystematiek, wat tot een interessante hoofdvorm heeft geleid. Het hotel bestaat uit zes verdiepingen met elk 25 tweepersoonskamers, een restaurant op de begane grond en een conferentiegedeelte met zwembad en skybar op de bovenste uitkragende verdieping ■ The complex consists of a hotel, an exhibition and office section, and a wide-screen cinema (screen dimensions 23 x 19 m.). It obeys both the slanting building line of its urban setting and its own orthogonal grid, hence the intriguing basic form. The hotel rises six storeys, each with 25 double rooms, a restaurant on the ground floor and a conference section with a swimming pool and 'sky bar' on the topmost, projecting level.

Leuvehaven 80, Rotterdam

TUNS + HORSTING ■ 1986-1989

AB 1989-11; Bouw 1990-16/17

INRICHTING BOOMPJES/BOULEVARD REDEVELOPMENT; RESTAURANT M50

Pas nadat de binnenstad van Rotterdam zijn voltooiing naderde, werden de potenties van de Maasoevers erkend en benut. De spectaculaire hoogbouw aan de Boompjes kreeg langs het water een pendant door de nieuwe indeling van Christiaanse: een zwarte terrazzo arcade met een tribune naar het water. Het frivool vormgegeven horecapaviljoen van Mecanoo is een integraal onderdeel van dit nieuwe straatprofiel, en heeft – evenals de speciaal ontworpen zitelementen – een bij de havenactiviteiten aansluitende vormgeving ■ Only once the completion of Rotterdam's city centre was in sight was the potential of the banks of the Maas recognised and exploited. In the new arrangement the spectacular highrise on the Boompjes boulevard following the north bank gained a counterpart along the water: a black terrazzo arcade which steps down to the water. The playfully designed café-restaurant by Mecanoo is an integral component of this new street profile designed by Christiaanse: its design, and that of the specially designed seating, relates it to harbour activities.

Boompjes, Rotterdam

K.W. CHRISTIAANSE; MECANOO ■ 1989-1990

V. Mani (straatmeubilair/streetfurniture)

Arch 1991-2; Lit 145⁵

AMC 1991-20

PENITENTIAIRE INRICHTING/PENITENTIARY 'DE SCHIE' N48

Weebers flirt met het classicisme en de rationalist Durand resulteert in een volledig gesloten gebouw met felgekleurde gevels, omgeven door een vijf meter hoge rustica-achtige gevangenismuur. Het rechthoekige gebouw van 80 bij 200 meter bevat twee binnenplaatsen. De 252 cellen liggen aan de lange zijden van de binnenplaatsen; de recreatieruimtes aan de korte zijden; alle ruimtes zijn op de binnenplaatsen georiënteerd. Ook in het interieur spotten de vrolijke kleuren en kunsttoepassingen met de grimmigheid van de opgave ■ Weeber's flirtation with Classicism and the Rationalist Durand has resulted in a fully blankwalled block with facades in vivid colours, surrounded by a rusticated prison wall five metres high. The rectangular building of 80 x 200 m. enfolds two courtyards. The 252 cells flank the long sides of the courtyard, the recreation rooms the short sides; all spaces look onto the courtyards. In the interior too the gay colours and art work poke fun at the grim nature of the brief.

Abraham van Stolkweg/Prof. Jonkersweg 7, Rotterdam

C.J.M. WEEBER ■ 1986-1989

Arch 1990-1; Archis 1990-1; Bouw 1990-20; Lit 142⁵

N49 WOONGEBOUW/HOUSING AGNIESEBUURT

Vrouw Jannestraat, Rotterdam

DKV ■ 1984-1988

Archis 1989-2; Bouw 1990-8; Lit 141ˢ

In plaats van het gevraagde gesloten bouwblok stelden de architecten een transparante strokenverkaveling voor, bestaande uit een hoog woongebouw en een lager blok met werkplaatsen en woningen daarboven. Door deze stapeling ontstond ruimte voor een openbaar plein. De woningen in de eerste lagen van het woongebouw zijn gericht op het plein; de hoger gelegen door een galerij ontsloten woningen zijn gericht op de stad. Dit gebouw dat kan worden gezien als een hommage aan het Modernisme toont aan dat het schijfvormige flatgebouw, mits zorgvuldig ontworpen, als gebouwtype nog steeds levensvatbaar is ■ In place of the perimeter block required the architects proposed a transparent row development combining a tall housing slab with a lowrise block of business premises with dwellings above. This stacking created space for a public square. The dwellings on the two lowest levels of the housing slab are oriented to the square; those on the upper floors, reached from access galleries, to the city. This homage to Modernism, proves that the slab-shaped apartment block, if designed with care, is still a practicable building type.

N50 TWEE PATIOVILLA'S/TWO PATIO VILLAS

Onderlangs 44-46, Rotterdam

OMA ■ 1985-1989

R. Koolhaas (proj.)

Archis 1989-3; Lit 142ˢ

A+U 1988-10; GAHouses-27

Twee gekoppelde villa's liggen in een dijklichaam, waardoor de straatkant twee verdiepingen telt en de tuinzijde slechts één. Op de begane grond bevinden zich de entree, een garage, een logeerruimte en een gymnastiekruimte, van boven verlicht vanuit de patio. De woonruimte rond de (te openen) patio roept reminiscenties op met de door Koolhaas bewonderde villa- en appartementplattegronden van Mies van der Rohe. Materialisering en detaillering, zoals het zwevende dak, de afgeschuinde wanden en de de functionele tweedeling ontkennende kleurvlakken verwijzen naar de jaren vijftig ■ Two linked villas are set against the bank of a road, through which the street side has two storeys and the garden side only one. On the ground floor are the entrance, a garage, a guestroom, and a fitness room toplit from the patio. The living space round the patio, which may be opened up, recalls the villa and apartment plans so admired by Koolhaas of Mies van der Rohe. Material and detail, such as the floating roof, sloping walls, and the colour planes that deny the functional division into two, are references to the fifties.

N51 WOONGEBOUW/HOUSING BLOCK 'KOP ST. JANSHAVEN'

Bartel Wiltonplaats, Rotterdam

DKV ■ 1986-1988

Bouw 1990-8; Archis 1989-2

Als een trein trekt dit tien verdiepingen hoge woongebouw de wagons van een bestaande 200 meter lange flat richting Nieuwe Maas. Dit beeld van vooruitgerichte beweging wordt versterkt door de halfronde beëindiging van het gebouw en door het horizontale karakter van de oostgevel met drie glazen galerijstroken in het overigens gesloten gevelvlak. Doordat de galerij telkens drie woonlagen ontsluit, per travee een woning van anderhalve travee boven en onder de galerij, ontstond financiële ruimte voor het beglazen en zo tegen windhinder beschermen van de galerij ■ Like a train this ten-storey housing block pulls its rolling stock, an existing 200 metre long apartment building, in the direction of the Nieuwe Maas river. This image of forward motion is strengthened by the semicircular end of the building and the horizontal character of the east facade with three glazed access galleries in the otherwise relatively closed surface. Because each gallery opens onto three levels of housing – for each bay a dwelling unit of one and a half bays above and below the gallery – there was financial leeway to enable glazing the access galleries and thus keep the wind at bay.

Dit complex vormt de beëindiging van de driehoekige Afrikaanderwijk; het bestaat uit een waaiervormige toren die over de havens uitkijkt, een slingervormig bouwblok met een poort en een L-vormige afsluiting van een gesloten bouwblok. Dit zorgvuldig vormgegeven complex refereert sterk aan de vormentaal van de Modernen; de zestien verdiepingen hoge toren vertoont sterke overeenkomsten met Aalto's Neue Vahr in Bremen. Het complex toont aan dat ook of juist sociale woningbouw tot kwalitatief hoogstaande architectuur kan leiden ■ This complex terminates the triangular Afrikaanderwijk area of Rotterdam; it consists of a fan-shaped tower looking out over the docks, an undulating block with a gateway, and an L-shape completing a perimeter block. This sensitively designed ensemble has unmistakable allusions to the formal syntax of the Moderns; the sixteen-storey residential tower bears strong similarities to Aalto's Neue Vahr in Bremen. The complex demonstrates that social housing can also lead to high-quality architecture – and so it should.

WONINGBOUW/HOUSING HILLEKOP N52

Hillelaan, Rotterdam

MECANOO ■ 1985-1989

Arch 1989-9; Archis 1990-2; Lit 142^s

Domus 1990-6

Een slingerend woongebouw van vijf woonlagen strekt zich uit over de diagonaal van het rechthoekige terrein en vervangt drie kleine gesloten bouwblokken. Het gebouw is op kolommen geplaatst zodat, tussen de onder het gebouw geschoven winkelblokken door, op straatniveau visueel contact tussen de openbare ruimtes aan beide zijden van het blok mogelijk is. De oriëntatie van de woningen verspringt halverwege het blok zodat de woonkamers telkens uitzien op de grotere open ruimte. Deze operatie, waarbij de galerijzone verandert in een balkonstrook, heeft door de plaatsing van een betonnen raster toch tot een homogene gevel geleid ■ A meandering block with five levels of housing extends across the diagonal of the rectangular site and replaces three small perimeter blocks. The building stands on columns. The orientation of the dwellings is reversed halfway along the block so that all living rooms look onto the larger open space. Despite this operation, through which the access gallery zone changes into a row of balconies, a homogeneous facade has been attained by wrapping the whole in a concrete gridlike screen.

WOONGEBOUW/HOUSING BLOCK 'NATAL' N53

Paul Krugerstraat, Rotterdam

F.J. VAN DONGEN ■ 1985-1990

Arch 1991-1; Lit 145^s

Op basis van een stedebouwkundig plan van Aldo van Eyck, die in een latere fase een cultureel centrum in de wijk zal bouwen, realiseerden de architecten op dit door water omgeven voormalige fabrieksterrein een aantal woongebouwen. De eerste fase bestaat uit twee waaiervormige woontorens van negen bouwlagen en twee lichtgebogen bouwblokken van vijf bouwlagen. De transparante stedebouwkundige opzet zal in een nog te realiseren tweede fase worden gehandhaafd. De in- en uitspringende balkons en een golvende daklijn geven de bouwblokken een informeel karakter ■ Based on an urban design master plan by Aldo van Eyck, who in a later phase will build a cultural centre in the district, the architects realised in these former factory grounds surrounded by water, several housing blocks. The first phase consists of two fan-shaped residential tower blocks in nine levels and two gently curving perimeter blocks in five levels. The transparent urban layout is to be maintained in a forthcoming second phase. The balconies which are either setback or jut out and an undulating roofline give the blocks an informal air.

WONINGBOUW/HOUSING MAISBAAITERREIN P12

Touwbaan e.o., Middelburg

LAFOUR & WIJK ■ 1987-1990

Arch 1991-1; Lit 145^s

P13 WOONGEMEENSCHAP/COMMUNE 'STERREBOS'

Onyxdijk 159-193, Roosendaal

C.J.M. VAN DE VEN ■ 1980-1989

AB 1989-6/7; Arch 1989-7/8; Lit 142⁵

Geestelijk gehandicapten en psychiatrische patiënten worden hier niet in een geïsoleerde inrichting gehuisvest, maar in een eigen wijkje, geïntegreerd in een toekomstige woonwijk. Rond een centraal plein liggen de gemeenschappelijke voorzieningen (administratie-, therapie-, ontspannings- en dienstengebouw en de medische dienst). De patiënten zijn in groepjes van acht gehuisvest in twee woningtypen: een bungalowtype en een twee-onder-één-kaptype. Net als de symmetrische hoofdopzet is de architectuur eenvoudig, geometrisch en verzorgd ■ Here, mentally handicapped and psychiatric patients are not shut away in some isolated institution but have their own 'neighbourhood', to be integrated in a forthcoming residential area. Ranged round a central square are communal facilities including buildings for administration, therapy, leisure, and medical services. The patients live together in groups of eight in two dwelling types: the bungalow and semi-detached house. Like the symmetrical basic layout the architecture too is basic, geometrical, and well turned out.

P14 ATELIERWONING/STUDIO HOUSE ROLAND HOLST

Roosendaalsebaan 15, Achtmaal

M. STAAL-KROPHOLLER ■ 1918-1919

Architectura 1922-1; Staal-K 1

In de jaren 1918-1919 ontwerpt de architecte op de Buisse Heide voor de familie Van der Schalk een schuur, een varkenshuisje, een verbouwing van een boswachterswoning en een atelier voor beeldend kunstenaar R.N. Roland Holst. Het atelier heeft een vliegervormige plattegrond die aan één zijde is afgeschuind en wordt gedomineerd door een hoge rieten kap. Aan de brede kant op het noorden bevindt zich het atelier met een groot hoog raam, aan de smalle kant de 'zuidkamer'. "'t Is lieflijk en landelijk en practisch tegelijk' aldus Roland Holst ■ In the years 1918-1919 Margaret Staal-Kropholler carried out for the Van der Schalk family conversions of a forester's house and a pigsty and designed a large shed and a studio for the artist R.N. Roland Holst. The studio has a kite-shaped plan splayed on one side and dominated by a tall thatched roof. At the broad side to the north is the studio with a large high-placed window, at the narrow side the 'south room'. According to Roland Holst, 'It is charming and rural and practical all at once'.

P15 CASINO

Claudius Prinsenlaan, Breda

J. HOOGSTAD ■ 1985-1987

AB 1987-12; Bouw 1988-10

Het plastisch vormgegeven casinogebouw vormt samen met het op de achtergrond gesitueerde kantoorgebouw (ontwerp AGS) een compositorische eenheid. Het casinogebouw bestaat uit twee bouwlichamen; een ovale speelzaal met glazen, naar voren hellende gevels en een langgerekt dienstengebouw dat zich tegen de speelzaal aanlijnt. Het interieur van het casino is een feestelijk gekleurde, vrije compositie van gebogen lijnen, waarin de ruimtes zich over verschillende niveaus spiraalvormig via de automatenhal langs de reeks speelzalen naar het hoog gelegen restaurant ontwikkelen ■ The sculpturally designed casino block forms a compositional whole with the office block in the background (designed by AGS). The casino complex consists of two buildings – an oval gaming house with sloping glazed facades that rise outwards, and an elongated services block nestling against it. The interior of the casino proper is a festively coloured, free composition of curves, in which spaces spiral up across various levels by way of an amusement arcade and along a series of gaming rooms to the restaurant at the top.

Monnik/architect Van der Laan was één van de weinige hedendaagse architecten die een nauw omschreven architectuurtheorie weet toe te passen in een gebouwd oeuvre. De basis van zijn theorie is een maten- en verhoudingenreeks, het plastische getal, die alle bouwcomponenten en de ruimtes die zij omsluiten in een harmonieuze, meetbare reeks samenbrengt. De sobere opbouw van woonhuis Naalden – drie rechthoekige bouwdelen gegroepeerd rondom een binnenhof –- en het gebruik van een beperkt aantal even sobere materialen, hebben door deze maatharmonie een enorme architectonische zeggingskracht gekregen ■ The monk-architect Van der Laan was one of the few contemporary architects to manage to apply a meticulously described architectural theory to a built oeuvre. The basis of his theory is a series of dimensions and proportions, the 'plastic number', which brings together all building components in a harmonious, measurable series. Through this the sober composition of Naalden House – three rectangular masses grouped round a courtyard – and the use of a limited number of similarly sober materials sustain a great architectonic eloquence.

De kantoor- en voorlichtingsruimtes van dit arbeidsbureau zijn gegroepeerd rondom een dubbelhoge centrale hal die is voorzien van een glaskap. De hellende, met koper bedekte kap, die refereert aan de boerderijen uit de omgeving, kraagt aan alle zijden uit en rust op buiten de gevel geplaatste stalen kolommen met op de hoek een stalen driepootconstructie ter verstijving. De op de hoeken afgeronde gevels bestaan uit glaspanelen en panelen van onbehandeld western red cedar in iroko lijsten, gevat in aluminium kozijnen ■ The offices and counselling rooms of this employment exchange are grouped about a double-height glass-roofed atrium. The gently sloping copper-clad roof, a reference to the farmhouses in the vicinity, projects on all sides and rests on steel columns outside the envelope with tripod constructions, also of steel, at the corners for added support. Splayed at the corners, the facades consist of glass panels in aluminium frames and panels of untreated western red cedar in iroko frames.

Het bestaande psychiatrisch ziekenhuis van architect Bedaux is uitgebreid met enige vrijstaande verblijfspaviljoens. Alle architectonische middelen zijn ingezet om deze gesloten inrichting voor zware psychiatrische patiënten zo veel mogelijk 'open en toegankelijk' te doen lijken. Zo wordt door het situeren van de kamers rond gedeeltelijk overdekte atria, door het zonlicht via daklichten diep in het gebouw te laten doordringen en door uit elke kamer aan de buitenzijde een halfronde hoek te snijden, de voor patiënten verboden buitenruimte op verschillende manieren binnengehaald ■ An existing psychiatric hospital by the architect Bedaux has been extended with several free-standing residential pavilions. All architectural means have been exploited to make this isolated institution for chronic psychiatric patients seem as open and accessible as possible. Thus by ranging the rooms round partially roofed atria, by delivering sunlight deep into the building through roof lights, and by deep curved recesses at one outer corner of each room, the outdoor world denied the patients has been brought in to them.

WOONHUIS/PRIVATE HOUSE NAALDEN Q42

 Bakpers 9, Best

DOM H. VAN DER LAAN ■ 1982

Arch 1989-5; Lit 135^s

ARBEIDSBUREAU/EMPLOYMENT EXCHANGE Q43

Leo v.d. Weijdenstraat, Veghel

H.A.J. HENKET ■ 1984-1987

Bouw 1987-25; Arch 1989-6; Archis 1989-9; Lit 139^s

AdA 1988-6

UITBREIDING/EXTENSION TO 'HUIZE PADUA' Q44

Kluisstraat 2, Boekel (Huize Padua)

A.E. & H. VAN EYCK ■ 1980-1989

J.H.A. Bedaux (oorspr. ontw.)

Arch 1989-12; Archis 1990-1; Lit 142^s; vEy 6

AR 1990-2

Q45 DRIE PRAKTIJKWONINGEN/THREE PROFESSIONAL OFFICES

Dommeldalseweg 2 en 4; De Burght 268, Geldrop

DIRRIX & VAN WYLICK ■ 1986-1988

AB 1989-2; Lit 141[5]

Een notariskantoor, een advocatenkantoor en een tandartsenpraktijk annex woning zijn conform de eis van de opdrachtgevers vrijstaand op de hoek van een – voorheen onsamenhangend – bouwblok geplaatst. De samenhang tussen de panden onderling wordt niet alleen bereikt door een overeenkomstig materiaal- en vormgebruik, maar evenzeer door de ruimtelijke opbouw van het interieur. Elk van de panden krijgt bij een gelijke hoofdopzet – werkruimtes aan de achterzijde, een openbare zone aan de voorzijde – door een verschillende behandeling van de dubbelhoge openbare ruimte een eigen ruimtelijk karakter ■ A notary's office, solicitor's office, and dental surgery cum house are in accordance with the clients' requirements free-standing on the corner of a formerly disjointed block. The coherent interrelationship of the premises is achieved not only by using similar materials and forms but also by the spatial composition of the interior. Sharing the same basic arrangement – workspaces at the rear, a public zone at the front – each of the premises nonetheless has its own spatial character through the different treatment of the double-height public area.

Q46 EIGEN WOONHUIS/THE ARCHITECT'S HOUSE

Helze 1, Geldrop

H.G. SMELT (OD 205) ■ 1969-1971

Lit 135[5]

Het eigen woonhuis van OD205-architect Smelt is duidelijk geïnspireerd op Mies van der Rohes Farnsworth House. Het huis is zorgvuldig gedetailleerd in staal en glas en vormt een duidelijk statement voor de technisch geavanceerde architectuur van het bureau OD205. Het hoofdniveau ligt 1,75 m. boven straatniveau en bevat één grote woon/werk/slaapruimte, ingedeeld door schuifwanden en de noodzakelijke afscheidingen voor keuken en sanitair. Het lagere, half ingegraven niveau bevat slaapvertrekken en een garage ■ The house designed for himself by OD205 architect Smelt is clearly influenced by Mies van der Rohe's Farnsworth House. Entirely of steel and glass with the purest and most meticulous detailing, it forms a clear statement of the technically advanced architecture of the firm of OD205. The main floor is 1.75 m. above street level and comprises one large space for living, working, and sleeping, divided by sliding partitions, and the necessarily separate kitchen and sanitary capsules. The lower, half-sunken level contains bedrooms and a garage.

Q47 WOONHUIS VAN DIJK/PRIVATE HOUSE

Treeswijklaan 1, Waalre

H. SALOMONSON ■ 1960-1962

BW 1964 p.274; Sal 1

Het woonhuis voor een lid van de Raad van Bestuur van Philips ligt op een groot stuk bos aan een kunstmatig ven. De woning bestaat uit een langwerpig bouwdeel van twee verdiepingen met loodrecht daarop een laagbouw, waardoor een kruisvormige plattegrond ontstaat. In de laagbouw bevindt zich de garage, een overdekt entreegebied en een entreehal met ronde trap, waaraan de eetruimte is gekoppeld. De vrijheid en openheid van het modernisme is gecombineerd met luxueuze voorzieningen, technische snufjes en chique materialen als travertin en blank gevernist oregon pine ■ Built for a director of Philips, the house is set in a thickly wooded area on an artificial pool. It consists of a two-storey oblong section with a lowrise block intersecting it at right angles, giving a cruciform plan. The lowrise section contains the garage, a roofed entrance area, and a vestibule with circular stair, linked to which is the dining room. The freedom and openness of its modernism is set off by luxury facilities, all sorts of gadgetry, and such fashionable materials as travertine and clear-finished Oregon pine.

Twee bestaande woonpaviljoens en een zusterhuis van deze leefgemeenschap voor gehandicapten zijn door Dam in de loop der jaren uitgebreid met een aantal woonclusters en enige vrijstaande gebouwen met additionele voorzieningen. De gebouwen zijn onderling verbonden door een netwerk van, op kleur gecodeerde, overdekte paden. Door de per uitbreiding afwijkende architectuur wordt een al te grote uniformiteit voorkomen. De gevels van de uit één bouwlaag bestaande woonclusters rond het plein en langs de straten zijn verhoogd, waardoor het centrum van het complex een haast stedelijk karakter kreeg ■ Two existing pavilions and a nurses' residence for this commune for the mentally handicapped were extended by Dam over the years with several 'clusters' of accommodation and a few free-standing buildings containing additional facilities. The buildings are interlinked by a network of roofed paths coded by colour. The deviation in architecture at each extension has avoided excess uniformity. The facades of the single-storey clusters around the square and along the streets are raised to give the centre of the complex an almost urban character.

'DE DONKSBERGEN' Q48

Berkvenseweg 2, Duizel

C.G. DAM ■ 1975-1988

J. Tor (arch.)

Dam 1

Bij een splitsing van wegen markeert een glazen bouwstenen kopgevel de toegang tot het dorp. Verhogingen in het langgerekte bouwvolume markeren de entrees van respectievelijk een apotheek, een verloskundigen-, een tandartsen- en huisartsenpraktijk. De opvallend laag geplaatste ramen zijn ook toegepast in het woonhuis, dat aan de stillere zijstraat is gesitueerd. De praktijkruimten van het medisch centrum kijken uit op een besloten binnenhof dat wordt afgesloten door het woonhuis en een tuinmuur ■ At a fork in the road a glass block head elevation announces the entrance to the village of Hapert. Taller sections of the elongated volume mark the entrances to a pharmacy, practices for midwife and dentist, and a doctor's surgery. The consulting and examination rooms look out onto a space enclosed by the house and a garden wall. The strikingly low placed windows are also found in the house which stands in the quieter side street.

MEDISCH CENTRUM, WOONHUIS/MEDICAL CENTRE, PRIVATE HOUSE Q49

Oude Provincialeweg 81/Lindenstraat, Hapert

W. ARETS ■ 1988-1989

Lit 142^5; Arets 1

Domus 1990-4

Twee witgestucte, streng geordende gebouwen zijn zodanig op een rechthoekig terrein geplaatst, dat ruimte voor een openbaar entreeplein en voor een besloten binnenhof ontstaat. Het materiaalgebruik: zwarte kozijnen, glazen bouwstenen, ruw beton, wit stucwerk, en de aandacht voor de daglichttoetreding geven het geheel een ascetisch karakter. In apotheek Lamens (1986-1987), eveneens in Weert aan het Oranjeplein, wordt het unieke, translucente karakter van glazen bouwstenen door Arets ten volle benut door alle binnenwanden uit dit materiaal op te trekken ■ Two white rendered, severely ordered buildings are so set on a rectangular site as to create space for a public entrance square and an enclosed courtyard. Black frames, glass block, untreated concrete, white rendering, and attention to daylight penetration give the whole an ascetic character. In the Lamens pharmacy (1986-1987) also in Weert on Oranjeplein Arets utilises the unique translucent character of glass block to the full by erecting all inner walls in this material.

APOTHEEK, ARTSENPRAKTIJK/PHARMACY, MEDICAL CLINIC Q50

Boshoverweg 90/Oranjeplein, Weert

W. ARETS ■ 1986-1987

AB 89-2; Lit 139^5; Arets 1

AdA 1988-6

Q51 INTERIEUR SPAARBANK LIMBURG/BANK INTERIOR

Spoorstraat 38, Venlo

J.M.J. COENEN ■ 1984-1986

Bouw 1988-4; Coen 1

AdA 1988-6; A+U 1988-9

Een door een glaskap overdekte, ellipsvormige ruimte vormt het hart van deze verbouwing van een negentiende-eeuws classicistisch pand tot bankfiliaal. Een vide vanuit de kelder, waar de kluis is ondergebracht, zorgt voor een scheiding tussen de publiekshal en de kantoren aan de achterzijde. Zowel de plattegrond als de doorsnede is opgezet volgens de klassieke driedeling. Door de ruimtevorm en door de kolommen en de borstwering van de vide te voorzien van biezen van geglazuurde baksteen, vormt deze overigens in staal en wit stucwerk uitgevoerde ruimte, een geslaagde synthese tussen classicisme en modernisme ■ An elliptic glass-roofed space forms the heart of this conversion of nineteenth century Neo-Classical premises into a bank branch. A void rising from the basement containing the strong room separates the public area from the offices at the rear. Both plan and section obey the Classical tripartite division. Through its form – and by providing the columns and horizontal strip around the void with edgings of glazed brick – this space, otherwise executed in steel and white rendering, constitutes a successful synthesis of Classicism and Modernism.

Q52 EIGEN WOONHUIS/THE ARCHITECT'S HOUSE

Karel van Egmondstraat 139, Venlo

G.J. VAN DER GRINTEN ■ 1965-1967

BW 1968 p.357

De westgevel van deze op de rand van een heuvelrug gesitueerde woning is door een enorme glaspui met houten kozijnen geheel geopend. De overige gevels bestaan grotendeels uit metselwerk. Intern is de woning georganiseerd in twee functionele zones; verblijfsruimtes aan de open westzijde en utilitaire ruimtes aan de oostzijde, waar zich tevens de entree bevindt. De vloerniveaus van beide zones verschillen een halve verdieping. Deze split-levelindeling volgt de helling van het terrein en maakt een open relatie tussen de ruimtes in beide zones mogelijk ■ The west facade of this house perched on the crest of a hill is opened up completely by an expanse of glass held in wooden frames. The remaining facades consist largely of brick. Inside, the house is organised into two functional zones: the living area on the open west side and services on the east side, which is where the entrance is. The floor levels of the two zones differ by half a storey. This split-level arrangement follows the slope of the site and enables an open relationship between the spaces in the two zones.

Q53 WOONHUIS MET PRAKTIJK/VILLA AND PRACTICE

Holsberg 79, Berg aan de Maas

R. VAN WYLICK (DIRRIX & VAN WYLICK) ■ 1987-1989

Archis 1990-4; Lit 142ˢ

Met respect voor het landschap vlijt deze villa zich tegen de hoge oever van de Maas. Een vrijstaand bouwdeel met praktijkruimte voor een arts en een tandarts is door middel van een smalle gang verbonden met het woonhuis. De spectaculaire locatie wordt ten volle benut door vanuit de woonkamer een ruim uitzicht over de bocht van de rivier te bieden. De verschillende woonniveaus zijn onderling verbonden door een reeks trappen, die in elkaars verlengde langs de gesloten noordgevel zijn geplaatst. De trappen afdalend heeft men, door een smalle verticale raamstrook, opnieuw uitzicht op de rivier ■ Showing respect to the landscape this villa nestles against the high bank of the river Maas. A free-standing volume containing doctor's and dentist's practices is linked to the house by a narrow passage. The spectacular location is utilised to the full by presenting from the living room a panoramic view of the bend in the river. The various living levels are interconnected by a series of stairs that line up along the introverted north facade. When descending the stairs one has once again a view of the river through a single narrow vertical window.

Deze markant in het heuvellandschap gesitueerde van expressieve rondingen voorziene watertoren is de enige gerealiseerde watertoren in de Amsterdamse School-stijl. Er bestond grote interesse voor watertorens bij Amsterdamse School-architecten – zoals bijvoorbeeld bij De Klerk, die in 1912 een ontwerp voor een watertoren publiceerde – omdat in deze zo technisch bepaalde opgave voor de architect de vormgeving voorop staat ■ Set in a rolling landscape and furnished with expressive curves, this striking water tower is the only one realised in Amsterdam School style. The architects of this movement took a great interest in this building type – De Klerk, for instance, who in 1912 published a design for a water tower – because for an architect with such an assignment, dictated to an extreme by technical matters, it was the design that was of prime importance.

WATERTOREN/WATER TOWER Q54

Torenstraat, Schimmert

J. WIELDERS ■ 1926

Lit 134S, 153S

EIGEN WOONHUIS 'OP DE LINDE'/THE ARCHITECT'S HOUSE Q55

Oude Lindestraat 1, Heerlen

F.P.J. PEUTZ ■ 1931

Peutz 1; Lit 129S

Het eigen woonhuis annex bureau van Peutz bestaat uit twee in elkaar geschoven rechthoekige volumes, gekoppeld door het trappehuis. Op de begane grond bevinden zich de kantoorruimtes, op de eerste verdieping de woonvertrekken en op de tweede en derde verdieping de slaapkamers. Hoewel het huis in plattegrond, gevels en detaillering sober en zakelijk oogt, lijkt de kolom met het reliëf 'de Bokkenrijder' van Charles Vos in de zijgevel een voorbode te zijn van Peutz' latere verwerking van historische architectuurstijlen in het Heerlense raadhuis (Q28) ■ The house cum office of F.P.J. Peutz consists of two interlocking rectangular volumes linked by a stair-tower. On the ground floor are office premises, on the first floor the living quarters, and on the second and third floors the bedrooms. Although the house looks sober and functional enough in plan, facades, and detailing, the column in the side elevation bearing aloft Charles Vos's relief 'the goat rider' (the name for members of bands of robbers in 18th century Limburg) is a foretaste of Peutz's later assimilation of historical architectural styles in Heerlen Town Hall (Q28).

MIJNSCHACHT/MINESHAFT NULLAND Q56

Nullanderstraat/Domaniale Mijnstraat, Kerkrade

TH.H.F.W. HUSMANN ■ 1907/1915

Het bovengrondse gebouw voor de mijnschacht Nulland is één van de weinige zichtbare overblijfselen van het recente mijnbouwverleden van Zuid-Limburg. Oorspronkelijk diende het bouwwerk alleen als luchtschacht. In 1921 werd het tevens ingericht voor transport en werd de karakteristieke schuine steunconstructie tegen de middentoren aangebracht. Een wonderlijke betonsculptuur, waarbij het civiel-technisch functionalisme tot onbedoelde esthetiek heeft geleid; een industrieel monument in de ware zin van het woord ■ The section above ground level of Nulland mineshaft is one of the few surviving remnants of the recent coalmining past of the province of Zuid-Limburg. Originally the structure served purely as a ventilation shaft. In 1921 it was additionally equipped for transport and the distinctive slanting structural support built against the central tower. The result is a miracle of concrete sculpture, whose engineering functionalism produced an unintentional aesthetic effect; an industrial monument in the truest sense of the word.